オランダ人の
シンプルですごい子育て

リナ・マエ・アコスタ
ミッシェル・ハッチソン
吉見・ホフストラ・真紀子=訳

子どもを良い子にする一番の方法は幸せにすることだ。
オスカー・ワイルド

THE HAPPIEST KIDS IN THE WORLD
by Rina Mae Acosta & Michele Hutchison

First published as The Happiest Kids in the World by Transworld Publishers,
a division of The Random House Group Ltd.

はじめに

ある日の公園でのすてきな1コマ

2、3歳の子どもが2人、ジャングルジムのてっぺんによじ登ったかと思うと、今度はどちらが先に降りられるかと競争している。穏やかな陽だまりの中で、お母さんたちはその近くのベンチに座って、カフェラテを飲みながら会話に夢中になっている。

少し離れたところでは犬がワンワン鳴き、ベビーカーを押すおじいちゃんにくっついて、小さな男の子がキックバイクにまたがっている。若いお母さんが3人乗りの自転車に、赤ちゃんを前に、2、3歳の子を後ろに乗せてバランスをとりながらゆっくりと走っている。そのお母さんをジャージを着た年長の子どもたちが追い越していく。芝生では2人の女の子がボールを投げ合い、その真ん中で別の女の子がボールをキャッチしようとしている。彼女たちの楽しそうなキャッキャという声が、その場の空気を和やかに満たしていた。でも、この公園の中には子どもに付き添って監視するような親は、どこにも見あたらない。

まるで絵に描いたような幸せな光景だが、べつに映画の一場面というわけではない。春が訪れたばかりのある水曜日の昼下がり、アムステルダムのフォンデルパーク公園でのごく普通の見慣れた光景だ。

オランダの子どもは、世界一幸せ

2013年のユニセフ調査で、オランダの子どもは世界で一番幸せな子どもであると発表された。この調査によると、先進国29か国の中で、オランダの子どもたちは、幸せな子ども時代を過ごしたかどうかという点で突出しているという。同じ調査では、イギリスは16番目、アメリカは26番目だった。ちなみにこの順位は、調査対象となっている国のうち、最貧国といわれるリトアニア、ラトビア、ルーマニアのちょっと上という残念な結果だった（訳者註：同様の条件下で日本を調査したところ、日本は総合6位と発表されている）。

この調査は、①物的幸福、②健康と安全、③教育、④日常生活上のリスク、⑤家族と環境、という5つの分野で行われたが、オランダの子どもたちは、いずれの分野でもトップ5に入っていた。そのうえ、③教育、④日常生活上のリスクという2分野においては、オランダが最上位という結果が出たのである（ちなみにイギリスはこの分野で24番目だった）。

オランダでは、じつに95％以上の子どもが自分自身が幸せであると認識していた。児童の貧困根絶と、低所得層の子どもの生活改善に取り組むイギリスチャリティー団体である「英国子どもの貧困根絶アクショングループ（Britain's Child Poverty Action Group）」や世界保健機関（ＷＨＯ）など、いくつかほかの調査結果を見ても、同じような結果が出ている。オランダが子育てをするには間違いなく良い国であると強調されているのである。

２００７年に行われたユニセフの補足調査でも、オランダは幸せな子ども時代を過ごすには、もっとも良い国であると賞賛された。ちなみにこの補足調査でイギリスとアメリカは、またもや最下位と最下位から2番目という順位だった。

また、ある最新の調査では、オランダの赤ちゃんは、アメリカの赤ちゃんよりも幸せであるということが示唆されている。アメリカとオランダの赤ちゃんを比較すると、オランダの赤ちゃんの方がよく声を出し、ニコニコと笑い、抱きつくなどのスキンシップを好む。アメリカの赤ちゃんが不安や悲しみや不満な様子を見せた場面でも、オランダの赤ちゃんはすぐに落ち着いて安心した様子を見せた。

心理学者たちは、こうした違いが生じるのは2つの国の子育てに関する文化的、社会的慣習の違いだと言っている。そして、この意見に対して異論を唱えた人が今のところいないことに、私たち自身がとても驚いている。

私たちは、オランダ人の男性と結婚したアメリカ人とイギリス人の母親だ。つまりオランダの中ではいわゆる外国人である。私たち外国人の目から見ると、オランダの子どもたちがいかに幸せであるかを感じずにはいられない。

前述のような公園でのありふれた光景の中にも、イギリスやアメリカでは否定されていた子どもの自由をオランダの子どもたちが大いに満喫し、すくすくと成長していることを想像できると思う。

オランダの子どもがイギリスやアメリカの子どもと比べて、どんなところが違うのか、いくつか挙げてみよう。

●オランダの赤ちゃんはよく眠る

- オランダの子どもは小学校での宿題がほとんどない
- オランダの子どもは自分たちの話をきちんと聞いてもらえる
- オランダの子どもは保護者と一緒でなくても外でのびのびと遊べる
- オランダの子どもは家族と一緒に定期的に食事をとっている
- オランダの子どもは両親と過ごす時間がたくさんある
- オランダの子どもはお古のおもちゃでも楽しみ、小さな幸せを感じることができる
- そして……、大事なことを1つ言い忘れていた！　オランダの子どもは、朝食のパンにチョコレートふりかけ（「hagelslag」ハーゲルスラッグという）をかけて食べる

反抗期のないオランダの子どもたち

オランダの子ども時代は、自由にのびのび遊ぶことができ、勉強に関するストレスが少ないようだ。だから、オランダの子どもはいつも元気で生き生きとしている。

はじめてオランダの子どもに会った人は、もしかしたら無愛想だと感じるかもしれない。でも、よく知ってみると、とても社交的で、親しみやすく、おしゃべり好きで、悪意がなく、正直者で素直だとわかる。そして、オランダの子どもは面倒見がいい。何事にも自分から率先して取り組もうとする。それに自分たちで楽しむ方法をきちんと知っ

ているので、大人にかまってもらえなくても気にしない。

ここで1つ、誤解のないよう断っておきたい。オランダの子どもは幸せだと書いたが、それは、オランダの子どもがいつも喜んでいて、飛び跳ねたりそっくり返ったりしているという意味ではない。ここで言うオランダの子どもたちの幸せとは、自己認識をちゃんと持っていて、家族と深い絆や誠実な友情を築くことができ、周囲の愛情を感じ取り、自分の居場所をきちんと見つけられるということだ。たとえば、オランダの親は子どもたちの言葉に耳を傾け、尊重し、その行為に対して子どもは幸せを実感している。

子どもが10代の思春期にさしかかると、親ならだれでも子育てに悩むものだ。しかしオランダの子育てには、何事に対しても自信と責任を持って人を敬うことのできる子どもを形成する手がかりがある。

オランダの思春期の子どもたちにはいわゆる反抗期のようなものは見られない。というのも、彼らは傲慢な気取った態度を格好良いとは思っていないからだ。それよりも、大人らしい自信を持ち合わせ、物事に対処できることを望んでいる。

オランダでは、10代の子どもたちが、ボーイフレンドやガールフレンドとの外泊を許される文化がある。しかしその一方で、オランダは10代での妊娠率が世界的に見てもっとも低い。このような事例もオランダの子育ての良い結果と言えるのではないか。

オランダでは、子どもが成長したときに社会に上手く適応し、これから直面するであろう苦労や試練に対処できるよう心の準備をさせるのである。

心配しすぎないのがオランダ流

17世紀のイギリス人哲学者であるジョン・ロックはこう述べている。

「生まれたばかりの子どもというのは無垢な状態だが、その後、アングロ・サクソン式の徹底した子育てにより、個人が形成されていく」

意識が異常に高く、何事にも関与しようとする親が、新しい常識をつくり出しているという人もいる。そうした親のもとで育った子どもは、何かしようとするたび周囲のプレッシャーを感じ、上手く物事が運ぶよう、敷かれたレールの上を歩くように強いられる。こういう子どもたちは、自分のペースで独自の能力を伸ばすことが許されない。

最近のイギリスやアメリカの親は、その前の世代に比べても、子どもをより縛りつけ、子どもがしようとすることにいちいち目を配り、口出しすることが親の役目であると信じているようだ。

今日のイギリスやアメリカの親の特徴として言えることは、心配に囚われているということ。私たちの故郷の友だちは、子育てでいろいろと気にしすぎ、何ごとにも疑いの目で判断し、何度も考え直しては罪悪感を持ち、自分自身を追い詰めている。

なぜオランダの親は子どもを心配しすぎたり常に監視したりはしないのだろう？

オランダはセックスやドラッグやお酒に関して寛容な国だというイメージがある。しかし、実際にあまり知られていないが、オランダ人は本当はかなり保守的な国民である。オランダ文化の根本には、子育てを生活の中心に置く家庭的な人々の考え方がある。

オランダの親は自分の子どもを所有物としてではなく、1人の人間として見ており、とても健全な態度で接している。オランダの親は「成功」や「幸福」についての世間一般の見解や、子育てに関する現代の風潮、社会の持つ歪んだ期待感に左右されない。目標を達成することだけが必ずしも子どもの幸せにつながるとも考えない。親と子どもの両方が幸せであることではじめて自分の力を高め、成功することができるということをきちんとわかっている。

オランダの子育てスタイルは、何でも話せるオープンな関係と、その反面、子どもがしていることにあまり口を出さない絶妙なバランスの間で成り立っている。

オランダの親は、子どもに対して厳然たる態度を取るが、決して独裁主義的ではない。オランダ人は、本来子どもが持っている能力を大事にする。一方で親は、子育て以外の自分の生活も大事にするという近代的な考え方をし、かつ昔ながらの家族の価値観も大切にするという二面性を持ち合わせている。オランダという国は一般的にシンプルで質素な文化だ。何かとシンプルで費用のあまりかからない活動を選ぶ傾向があり、本質に従い物事を考えようとする。

親も幸せでいるための時間の使い方

オランダは、誰もがうらやむような仕事と生活のバランスのとれた理想的な暮らしを勝ち取るため、これまで戦ってきた。その結果、今ではヨーロッパの中でオランダといえば、パートタイムワーキング大国と呼ばれるようになった。

オランダ人の週平均就業時間は29時間。少なくとも週1日は子どもと過ごす時間を取っており、ささやかながら自分自身のプライベートの時間もある。オランダではどこを探しても、子どもと過ごす時間が短いと罪悪感を抱くお母さんはおらず、母親業や仕事以外の場所でも、自分のための時間を見つけるよう心がけているようだ。

オランダのお母さんは逆境に強く、自分に対して自信を持っており、冷静な判断ができる人が多い。たとえば、出産し、退院した後すぐに自分を元の体型に戻そうと躍起になることはないし、イギリスやアメリカで見られるようなバカな母親同士の争いごとに巻き込まれることもない。子どもは年齢に応じて独立心を促すことが大事だと思っているため、子どもたちが自分でできると思うことについて手取り足取り手伝ったりしない。

そして、オランダのお父さんは家事や育児をお母さんと分担している。仕事の休みの日には子どもの世話をし、小さい子どもをお風呂へ入れる。お母さんと変わらずベビーカーを押したり、抱っこ紐で子どもを連れて歩いている姿をよく目にする。こういうお父さんは、自分が尻に敷かれた男に見られることを心配することもない。子どもが熱を出したらお母さんとお父さんは交代で病気の子どもの看病をする。こうしたことに対して、オランダのほとんどの会社では、寛容に理解を示してくれる。

オランダのお父さんは、縮れた髪をジェルで固めたヘアスタイルや、真っ赤なセーターにエスキモーが着るようなモコモコの黄色いパーカージャケットといった独特のファッションセンスを、私たちのような外国人がからかってもまったく気にする様子はなく、胸を張って堂々と歩き、思ったことを率直に口にする。

それに対し、イギリスやアメリカの親たちは、自分で課した非現実的な期待や他人の意見に流され、絶えず何かの課題を抱え、平静さを失っているように感じる。その結果、子どもたちが人生において有利なスタートを切れるようにと親が何でもかんでも(超人的に!)お膳立てすることや物質的な豊かさがいつも必要だと考えている。こうした傾向は、イギリスやアメリカ文化の中に根深く残っているようだ。

子どものために自己犠牲を払い、SNS(ソーシャル・ネットワーキング・サービス)にいつも写真をアップし、子どものために何をするにも必死でいるというような、社会が理想とする母親像に応えることができないと、お母さんは社会的に後ろ指を指される。

しかし、いつからこうした社会常識に沿った子育てをする親が良い親だ、と言われるようになったのだろうか？

子育ては、親同士の競争？

こうした画一的な考え方が押しつけられるようになったのは、学校で優秀な成績を取れるのが良い子であり、良い教育の指標であるという社会のものさしのせいでもある。イギリスやアメリカの一般的な親たちは、エルゴの抱っこ紐やおしゃれなベビーカー、オーガニックのおやつ、びっくりするほど月謝の高い塾やスポーツクラブや音楽教室のことばかり気にしている。こうして学校の校庭は、子どもたちが遊ぶ場所から、親同士の競争の場へと変わっていった。

ニューヨークに住む友だちは、高級住宅街にある保育園に子どもを通わせようと空きを確保していたのに、知人が不意打ちで横入りをしてきて裏切られたなんてことを話していた。保育園入園は親と3歳の子どもにとって厳しい選考過程があり、それに落ちるということは何にも堪え難い屈辱となるそうだ。

自分の子がクラスで一番早く誕生日を迎えて年長になれば、学力的にもほかの子どもたちに差をつけられると考え、どの誕生日が良いとか悪いとか気にしている人もいる。

ニューヨークやロンドンの大都市ではこうした母親同士の競争がずっと熾烈だったが、今ではほかの都市や郊外、田舎まで広がっている。

こうして子育ては、ひどい競争で心身ともにボロボロになるビジネスへと発展し、学校教育は親同士の戦いの場となっていった。

しかしこの平坦な西ヨーロッパの小国オランダでは、これまで話してきたイギリスやアメリカとはまったく違う子育てをしている。その結果、オランダは世界でもっとも幸福満足度の高い子どもを生み出す国となった。

かつてドイツの詩人ハインリヒ・ハイネは「もし世界の終わりが来るなら、50年後に起こりうるすべてのために、オランダへ行くだろう」という冗談を言っている。

オランダの生活の中には、今どきのよく見慣れたものと古き良きものとが混在している。オランダの子どもは、保護者の同伴がなくても自分1人で学校まで自転車で通学したり、道端で友だちと遊んだり、放課後に友だちの家へ遊びに行ったりと、とてつもない自由を満喫している。

オランダの子どもは、夕食の席で家族の会話に参加しており、家族もまた子どもと一緒にいる時間をきちんとつくっている。

オランダの小学生に宿題はなく、試験のための猛勉強もない。

オランダにあるのはレトロなモノクロ写真や古い映画、あるいはイギリス児童文学作家のイーニット・ブライトンの世界のような、古き良き子ども時代そのものだ。

でも、こうした子ども時代は、ただ古くさいだけのものだろうか？　もしかしたら進歩的な時代の先端をいくものなのではないだろうか？

オランダ人はこの子ども時代の情景を、どこか意図的に残そうとしたのかもしれないのだ。

オランダメソッドには、子どもを幸せにする秘密がある

オランダではどうして子どもたちがストレスのない暮らしをすることができるのだろうか？　この小さな国はほかの国に比べてずっと安全な国なのだろうか？

オランダは西ヨーロッパ先進国の1つである。便利な現代生活を謳歌する一方で、第一次世界大戦の副産物で生じた、殺人や子どもの誘拐といった犯罪にも苦しむ国である。しかし、オランダにはそれに伴う心配事をあおるようなタブロイド紙はなく、オランダの親は子どもに迫る多くの危険に個別に対処し、物事を上手く大局的に捉えることができる。

こうした態度のことをオランダでは「relativeren」という。この言葉の意味は、幼児誘拐や小児性愛者による犯罪などのあらゆる惨事が起こるのではないか、子どもたちが

溺れるのではないか、交通事故に巻き込まれるのではないかとあれこれ心配するよりも、子どもたちが溺れないように泳げる指導をする、交通事故に巻き込まれないように自転車の乗り方や道の渡り方を教えるというように、危険に備えて物事の良い点と悪い点を教え、自分で判断させるということだ。

平均的なオランダ人の家庭が抱える負債は、ヨーロッパ全体を見ても非常に高く、これが社会的な問題にもなっている。しかし、オランダにおける社会的、財政的な不平等問題は、イギリスやアメリカよりも少ない。

オランダの生活水準はすべての人にとって完璧（かんぺき）ではないが、良いものだと言える。先述のユニセフ調査によると、家族と環境のカテゴリーにおいて、スイス、アイルランド、ノルウェーに次いでオランダがランク入りしている。でもここで忘れてはいけないことは、オランダという国はほとんどの土地が海抜以下の水の多い湿った人口過密国であり、年がら年中空に広がる灰色の雲は気分を滅入らせるし、決してバラ色の楽園ではないということだ。

これから本書の中で、私たちオランダ出身ではない母親が学んだオランダ流の子育てを紹介し、その真相を紐解いていきたい。

私たち著者のうち、リナは5歳以下の子どもたちの話を担当し、リナよりも大きな子どもがいるミッシェルは、小学生以上の子どもたちの話を中心に本書を展開する。

オランダ人にとっては当然のことであっても、私たちが忘れていたり、見落としていたと感じたことについては、周囲のオランダ人の親御さんやその子どもたちにも話を聞いた。


幸せな子や反抗期のない10代の子を、オランダの親はどうやって育てたのだろう？

オランダの子がパンにかけて食べるチョコレートの小粒に答えがあるのだろうか？

それともどこへでも自転車で出かけるから？

あまり心配しないから？

自宅で出産をするから？

あるいは、乳製品が大好きだから？

休暇のときに家族でよくキャンプに出かけるから？

能力別にクラス分けされた教育システムがあるから？

この本の中に「あっ、そうなのか！」と思える瞬間があり、あなたのお子さんがオランダの子どもたちのように「幸せ」を感じて育つためのメッセージを受け取っていただけるとうれしい。

Rina's Family

リナの家族

Rina Mae

リナ・マエ

作家。アジア系アメリカ人。アメリカのサンフランシスコベイエリアの出身。現在は、夫と2人の息子とオランダの田舎町に住んでいる。

Bram

ブラム

リナの夫で起業家。「パパの日」に2人の息子と過ごすことが大好き。

Bram Julius

ブラム・ユリウス

新しいものを見つけること、寝る前に本を読むこと、そしてチョコレートふりかけ（Hagelslag）が大好きな元気いっぱいの長男。

Matteo

マテオ

生まれた当初はなかなか寝てくれなくて困ったが、今では規則正しく食事して寝て遊ぶことが大好きな次男。

Michele's Family

ミッシェルの家族

Michele

ミッシェル

イギリス・ミッドランズ出身。長男を妊娠中にオランダへ引っ越した。翻訳・執筆の仕事をしている。それ以外は家庭菜園をしていることが多い。

Martijn

マタイン

ミッシェルの夫。オランダの出版社で働く。大のイギリス好き。キッチンに何時間もこもって料理をすることが大好き。

Ben

ベン

最近中学校へ行きはじめた長男。ダンスをすることが大好き。

Ina

イナ

数学に夢中。とってもエネルギッシュでスポーツが大好きな長女。

もくじ

2. 母になることは、辛いことじゃない

3. 子育てに頑張りすぎなくていい……079

4. オランダ人は先取り教育をしない……110

6. ルールを守れる子どもを育てる……164

7. 人生で大切なことは自転車から学ぶ……186

8. 子どもに自由を与える前に必ず教えること……204

9. シンプルな暮らしは幸せを呼ぶ

カバーイラスト　ミズカミエリカ
本文イラスト　オガワナホ

1. オランダの子どもはこうして幸せになる

緑豊かな田舎町ドールンでの子育て *by Rina*

「世界一幸せな子ども」の秘密を探るため、私はまず自分が暮らすドールンから調査を始めることにした。

この町は国立公園の真ん中に位置し、人口は1万人。若い家族からシニア世代まで幅広い年齢層の人が住んでいる。自然の中でのんびり暮らしたいと考える人たちにとりわけ人気がある町だ。

子どもたちは並木道でよく遊び、大人も自家製のパンケーキや温かいチョコレートミルクを堪能している。地元の人がつくった新鮮なキャラメルワッフルもみんな大好きだ。

春と夏にはバーベキューのおいしそうな匂いが立ち込め、秋と冬には薪の燃えるあったかい匂いがする。近くの森を散歩すれば、地域の人々との新しい出会いもある。この町は、私の生まれ育ったサンフランシスコからおよそ900キロも離れているが、それでも私は今、この土地のことを、愛着を持ってホームタウンと呼んでいる。

もちろん、SNSを使えば、サンフランシスコの旧友ともつながることができる。私は今そうやって、地球の反対側で生活をしているのだ。

子ども時代は我慢ばかりしていた

私の両親は、私が子どものころ「子どものために犠牲にしてきたこと」を書き並べたリストを私に見せながら「あなたがより良い生活、より良い教育を受けられるように、すべてを犠牲にしてきたのよ」としつこく言い聞かせた。両親にとって私が優秀な成績を修めることはあたりまえで、私が失敗したり、できないことがあるのは一家の恥だと教えられた。

両親は必死に働いて、私たちの学費、住宅ローン、日々の生活費、フィリピンに残してきた親戚への仕送りを工面していた。そのうえ、周りのアメリカ人家族の生活レベルに遅れをとるまいと必死に努力していた。その苦労を考えると、私も兄弟も恵まれた子ども時代を過ごしたと言わざるをえないのかもしれない。

けれど、私の子ども時代は何かを楽しんでいたというよりも、むしろ我慢させられていた気がする。でも皮肉なことに、私は今、かつての両親と同じ苦労をしている。文化のまったく異なるこの小さなオランダの町で、新しい生活を立ち上げようとしているのだから。

ひとめぼれから始まったオランダへの道

それもこれもすべて、私が夫に一目惚れしたせいだった。

大学院生だった彼が私の家にやってきたとき、この大西洋横断の大ロマンスは始まった。フロリダ大学に通っていたいとこのグレースは、友人のオランダ人男性が、私にお似合いだと何度も話してきた。しかし当時の私は、医学の世界でキャリアを積むこと以外、何も考えていなかった。だからグレースは、私に無断で、あることを実行に移した。彼女は私の未来の夫となるブラムを連れて、何くわぬ顔をして私の住むフィラデルフィアまで訪ねてきたのだ。それはちょうど彼が修士論文を終え、オランダへ戻る1週間前のことだった。

もちろん、一目で恋に落ちるなんて思いもしなかった。でも、ドアを開けた瞬間、そこにはすてきなヨーロッパ人の男性がいて、最初の挨拶を交わした数時間後に「好きだ」と告白された。うれしいことに、彼と私にはたくさんの共通点があり、私たちは恋人になった（じつに、大西洋を挟んだ6000キロという遠距離恋愛だった）。

夫と私は、昔ながらの方法で手紙を送り合ったり、近代的にメールやチャットを使ったり、どちらからともなく電話をしたりして、この距離を乗り越えた。

彼と出会って私は、人生で初めて自分の気持ちに正直になって考えた。それで、私は気がついたのだ。私が心から本当にしたいことは医師になることではないということに。

パリで彼からプロポーズをされ、サンフランシスコで結婚式を挙げた。

それから10年後、私はオランダへやってきた。そして、この森の中にあるコテージに住み、オランダとアメリカの文化の違いを知り、バランスの良い立ち位置を探っている。

結婚生活は幸せだが、オランダでの生活を心から好きになるまでにはしばらく時間がかかった。最初の7年間は悪戦苦闘の日々だったと言っていい。カルチャーショックは計り知れず、私にいつもつきまとった。

オランダの空はいつも薄暗く曇りがちだ。私の気分は、365日のうち330日くらいは鬱々（うつうつ）としていた。ほかにもここの生活で好きになれないことはたくさんあった。何もかもがアメリカに比べて小さいこと。私が求めてもいないのに誰もが助言をしてくることなど……。

「いい親になりたい」というプレッシャーを感じて

長男のブラム・ユリウスを妊娠したとき、私はとても不安だった。もっと正確にいえば、それは怖れと言ってもいい感情だった。

私は息子に、自分にはなかった「幸せな子ども時代」を経験させたかったのである。子どものためにすべてを投げ打ち、今までにない忍耐を費やして子どもを理解する。そんな「完璧なママ」というありもしない理想の母親像に、私は知らず知らずのうちに囚われていた。

妊娠中にするべきこと、やめるべきことといったあらゆるお節介なアドバイス、そして、相反する子どものしつけの考え方に翻弄された。出産準備クラスやヨガ教室に登録し、1歳児の発達検査事項について隅から隅まで勉強した。アメリカにいる親切な友だちや家族は、教材用カード、ベビーサインの指導書、赤ちゃんの離乳マニュアル、アメリカ児童文学作家のドクター・スースの本やセサミストリートのＤＶＤなどをたくさんくれた。

妊娠中からすでに保育園のことは考えていて、モンテソーリ教育、ドルトン教育、レジナチェリ教育やシュタイナー教育の良い点と悪い点を比較しては頭を悩ませた。でも、入園手続きで「お母さんはこの36か月の間にお子さんにどのような教育をしてきましたか?」と聞かれるまでには、答えが見つかるはずだと自分を納得させた(私たちはサンフランシスコの湾岸エリアに戻るだろうと思っていたのだ)。

オランダで外国人の母親になることで、イギリス英語、カナダ英語、オーストラリアやニュージーランド英語を話す人たちとの予想外の出会いがあった。オランダ人からすると私たちはみんな「英語を話す人」と分類されるようだ。年配のオランダ人女性なんかは、私を紹介するときに「Zij is Engels(彼女は英国人です)」とよく言う。

オランダでの子育ては孤独だった。初めてのことにとまどい、どんどん神経質な妻になっていった。そんな忍び寄るネガティブな気持ちを振り払うため、私は「Finding Dutchland(私のオランダを探して)」というブログを始めた。

オランダに住むアメリカ人ママの体験を綴るブログだ。ブログに書くため、写真を撮ったり家族のことを考えたりすることで、自分の気持ちをコントロールすることができた。このブログをきっかけに私のような外国人ママとつながることができればいい、もし彼らがこのブログを読んで気に入ってくれれば、友だちになってくれるかもしれないと思った。

私には、オランダ流育児を実践することは難しいことだった。カトリック教徒的な罪悪感や移民の労働観のもとで育った私にとって、オランダ流はのんびりとしすぎであり、自己中心的で怠慢に思えた。たとえばオランダでは、自宅で出産することが理想とされるが、私は助産師というものをなかなか信頼できなかった。

オランダ人は幼い子どもを音楽のレッスンや学習塾へ連れて行ったりしないし、どの保育園に入れようかと心配したりもしない。なぜだろう?

ユニセフの調査結果に心底驚く

息子が1歳になるころ「ユニセフの調査で、オランダの子どもは世界で一番幸せな子どもであると発表された」という記事がたまたま目に留まった。

まさか！　信じられない！

オランダの子どもってそんなに幸せなの!?

アメリカ人の根底には誰よりも幸せでなければならないという精神が深く根ざしている。

完璧な子育てをし、24時間体制で子どもに注意を向けることこそが、親なら誰もがほしがる最高の栄誉を勝ち取る方法だと思っていた。しかし、オランダの親たちは、この栄誉を、何の苦労もなく、やすやすと手にしているではないか。

私は、オランダの子育て方針がアメリカとあまりに違うことを否定的な態度で見てきた。しかしここにきて、冷静になる必要があるように思えた。オランダ人がどのように子育てをしているのかをちゃんと観察したほうがいいと思ったのである。子育てが楽しいものだとしたら、いったいどうやればそんなふうに思えるのか知りたかった。

周りのオランダ人がどんなふうに子育てをしているのか。自分と彼らのアプローチは何が違うのか、私は分析を始めた。

まず地元の子どもたちと知り合いになった。子どもたちはこのあたりで唯一、赤ちゃんのいる我が家に来て、息子と遊んでくれるようになった。そしてある夜、私が発見したことを「オランダ人の子どもが世界で一番幸せと言われる8つの秘密」と題して、まずは母親の視点から書き下ろそうと決めた。この私のブログは口コミであっという間に広がり、世界中のパパママの間で話題となった。

家族が一緒にいられることが幸せ

今日の私は、カリフォルニア式のママモード全開で、長男ユリウスの3歳の誕生日パーティーを必死で準備している。パーティーには、オランダの親戚以外に、ユリウスと同じ歳ごろの子どもを持つ外国人の家族を招待した。

彼らはみんな、このオランダでのおおらかなのんびりとした子育てを気に入っているようだ。オランダではワーカホリックを何とかしたいと思っている人は、希望すれば誰でもパートタイム勤務に移行できる。オランダに住む外国人はワーカホリックな人が多いが、そんな彼らも望めば誰もがパートタイム勤務に移行できるオランダのこの文化をありがたく受け入れ、私のようにオランダに住むメリットを絶賛している。

私はパーティーの最後の準備に追われていた。職人技を感じさせるピザにさまざまな飾りつけをし、フライパンで手づくりの春巻きを揚げ、ワカモレに入れるライムをたくさん絞り、ベトナム風サラダを盛りつけ、大人気の子ども番組『ミッキーマウスクラブハウス』のおもちゃ一式を準備し、2層になったフォンダンケーキや、お祝いの赤いカップケーキ、チョコレートトリュフなどが載ったデザートビュッフェを準備し、持ち帰り用のイタリア風ショートブレッドクッキーを準備した。

これは明らかにこの人たちがするようなスタイルではない。私はこの土地に溶け込もうとしているが、同時にいつでもすばらしい完璧なママでありたいと思っていた。

夫のブラムはおかしくてたまらないとでも言うように首を横に振っていたし、義理の家族は私が準備したすべての努力に圧倒されたようだった。義理の母は、私がどうしてそんなに大変な準備をしているのか理解できないようだった。でも私には、息子の誕生日会のために時間と労力を費やさないなんて考えられなかったし、それが息子への愛情だと思っていた。でも息子は私がしたことを本当に喜んでくれているだろうか。心配は尽きなかった。

一方、オランダの子どもたちのパーティーはいたってシンプルで現実的だ。近しい家族や近所の人たちを招待し、大人たちは輪になって座り、ケーキを食べながら3時間ほど談笑し、その横で子どもが遊んでいる、というのが一般的だ。

オランダでは誕生日などあらゆるお祝いは、みんなで一緒に祝う。招待された人はまず誕生日を迎えた子どもの親やおじいちゃんおばあちゃん、それから兄弟姉妹に「おめでとう」と言って回る。オランダでは1つの空間の中でみんなで一緒にお祝いをする。もちろん、私がオランダに来た当初は、この伝統的なお祝いの仕方がとても風変わりだと思った。でも結局は、このオランダのやり方の良さがわかるようになった。

自分の誕生日のとき、子どもが学校のクラスメートのために自分で何か用意して一緒にお祝いしたり、会社にケーキを持って行って同僚と一緒に祝うというように、誰かにお祝いしてもらうよりも、みんなのために自分で何かを準備する、そうしたオランダのやり方が好きになったのである。

息子が私のところに走り寄ってきて「ママ、ケーキ!」と言った。

バースデーソングの時間だ。ユリウスの前に置かれたケーキの周りにみんなが集まってきた。最初は英語の「ハッピーバースデー」の歌、それに続いてオランダ語の「Lang zal hij leven（長生きできますように）」の歌を歌った。私はこのオランダ版のバースデーソングが好きだ。歌の最後では、お誕生日を迎える人が「Hip hip hip, hoorah!（ヒップ ヒップ ヒップ ホーラー）」と手を挙げながら勝利のガッツポーズを取る。

誕生日の3本のロウソクを吹き消すユリウスを見ながら「幸せいっぱいに成長しますように」と願わずにはいられなかった。

大都会アムステルダムでの子育て　by Michele

リナと私が「オランダの子どもはなぜ幸せなのか」というテーマをともに調査していくにあたり、この国で送っている私の生活についても話しておきたい。

春の日差しを感じるある日のこと、私はアムステルダム環状線のちょっと先にある家庭菜園へやってきた。私は4月から10月まで毎週末ここに通っている。

鳥の声がして、けたたましく「チュンチュンチュンチュン」と鳴いているものもある。私は腰を曲げ、金属のくわでイチゴとラズベリー畑から雑草を抜いた。

10歳の息子のベンジャミンと彼の友だちのフロリスは、オランダ人の夫、マタインを一生懸命に手伝っている。冬の間、倉庫に眠っていたトランポリンの組み立てをしているのだ。2人の男の子たちは一緒に協力し、トランポリンのフレームとキャンバスの布をありったけの力で引っ張っている。8歳の娘のイナは親友のタインに朝早く電話をし、キックボードで彼の家へ遊びに出かけた。

太陽の光が差し、水仙がいっぱい咲いている。平和そのものの和やかな光景だ。トランポリンができあがると、男の子たちはその上でジャンプを始めた。私はフロリスに、トランポリンが破れちゃいそうねと冗談を言った。彼は11歳だけれども、大きな足にがっしりとした体格の典型的なオランダ少年で、身長は大人の私くらいある。イギリス人の血を引く我が子が彼の横にいると、小人のように見えるのだ。オランダ人が大きくなるのは、ミルクをたくさん飲むからだと言う人もいるけれど、私はそれよりも遺伝的なものだと見ている。

2時間後、私はまだ雑草を抜いていた。その横でずっと、ネズミが穴を掘っていた。雑草抜きは本当に骨の折れる仕事だ。

オランダ人はアウトドア好きな人が多く、家庭菜園も楽しむ。ほとんどのオランダ人は、私よりもずっとたくさんの時間を家庭菜園に費やしている。私の家から10分ほど行ったところには5、6区画ほど家庭菜園になっているエリアがある。

ちょこちょこ並んだ野菜の列におんぼろの納屋があるだけのイギリス人の家庭菜園とは違い、オランダ人の家庭菜園はもっと本格的だ。ソーラーパネルをつけた荷物小屋を建て、水道やガス器具まで付いている。彼らはキャンプが好きなので、家庭菜園で週末をミニキャンプみたいにして過ごしたり、夜はそこで寝たりする。日焼けをした年配の人が折りたたみ椅子の上で日光浴を楽しむこともあるし、子どもたちは水や泥にまみれて遊んでいる。ご婦人たちも、頭に日除けスカーフをかぶり、腰を曲げて土いじりに精を出している。

また、菜園の近くには、子どものサッカー練習場や砂場、公園もあり、大人のためにはビールやおつまみを出してくれる食堂さえある。週末にはカードゲームのトーナメント、ビンゴゲームやカラオケ大会なども開かれる。

小学校の卒業試験にドキドキ

ベンとフロリスはトランポリンの上に腹ばいになって、いつまでも自分たちの空想について話していた。「ぼくたちは、ロケットに乗った宇宙飛行士だ。いや、オリンピックの飛び込み選手だ。体操の選手でもいいな。もし、無重力の世界に行ったらどうなる？17回転宙返りだってできるよ。誘拐されて丸太小屋に連れて行かれたら、丸太小屋からめた。

空中回転してトランポリンに戻るんだ……」

それからベンは、土曜日の演劇クラブであったことを、興奮したようにしゃべりはじめた。

私はフロリスに「今度の試験の勉強をしなくていいの？」と聞いたが、彼は驚いたように私を見て「えっ、なんで。何て変なことを言うんだろう」という顔をした。

私が彼にそんな質問をした理由は、彼らが今、小学校から中学校へ上がる大事な時期だからだ。私はフロリスの学力が2つの学校のボーダーラインに立っていることをベンから聞いていた。

今日は日曜日で、彼らは火曜日から木曜日まで小学校卒業試験であるＣＩＴＯ試験（全国共通学力試験）を受けなければならないのだ。しかし2人ともその差し迫った試験については、てんで話をしなかった。

この試験はかつてイギリスで行われていたイレブンプラス試験に相当する。イギリスとの違いは、このオランダの試験には合格・不合格がないこと。この試験の結果が自分の将来の進路を決め、どの中等教育機関で学ぶのが適正かが測られる。言い換えれば、これは子どものこれからの人生、そしてキャリア選択に影響する極めて重要な試験なのだ。

実を言うと、私はこのＣＩＴＯ試験をとても心配していた。夫と私は息子の学力がとくにすばらしいとは思っていなかった。彼の前回の成績は良かったし、飛び級もしていた。けれど彼は集中力がなくて、選択問題では上手に結果が出せないタイプなのだ。設問をきちんと読まずに感覚で正しいと思ったものを選んでしまう。いくつか練習問題でやってみたが、ほとんど間違っていた！

できることなら、私は彼につきっきりで勉強させたいと思っていた。私たちがイギリスに住んでいたらきっとそうしただろう。でも、ベンの担任のシンシア先生は、私にはっきりとそのようなことはしないようにと釘を刺した。私と同い年ぐらい、40代前半の物静かな女の先生だ。

「子どもを緊張した状態に置きたくはないでしょう」と先生は私に注意した。子どもをプレッシャーの中に置くということは、親が子どもに一番してはいけないことだ、と。

それは親切なアドバイスというよりも、むしろ命令に近い言い方だった。オランダ人女性は、私よりも大柄で力強く自己主張が強い。私はオランダ人女性とあまりぶつからないようにすることを身を持って学んでいた。勝ち目がないと思う喧嘩は買わないほうがいい。オランダ人男性が大きくて穏やかである一方で、オランダ人女性は手強い相手だからだ。シンシア先生には強い信念があるように思えた。私は結局その直感に従い、彼女を信頼することに決めたのである。

進路は子どもに選ばせる？

ベンは自分が行きたいと思う10校の中学校リストを持っていた。学校の説明会に参加したときに決めてきたようだ。ベンはシンシア先生に彼のリストに挙げられた中学校について相談した。その間、親はというと、アドバイザーに徹するか、外野で傍観するしかなかった。ベンはそれぞれの学校の教育方針を調べ、先輩からその学校の評判を聞き、家から学校までの通学時間などを自分で調べ上げていた。

彼が第一候補に考えたのは映画や演劇の勉強ができる新しい学校だった。そして第二候補に考えたのは、おじいちゃんに薦められた昔ながらの進学校だった。この学校でも多少、演劇の勉強ができるようだ。

私たち親と違って、息子は生まれながらに役者の素質を持っていた。まだ話せない赤ちゃんのときからショーをしてみんなに見せていたし、小学校でもミュージカルの主役を務めた。勉強よりも演劇が彼の一番の興味をひいた。

夫は彼自身が11歳のとき、アムステルダムの小学校からどこの中学校へ行きたいかを自分で決めたと私に教えてくれた。オランダでは親の願いや選択というものは、子どもに大きな影響力を及ぼさないようだ。これがまさにオランダでいわれる「子どもを社会の中心に置く」ということかもしれない。結局のところ学校へ行くのは親ではなく子どもなのだから。

けれど、残念なことにアメリカスタイルの「干渉しすぎる計画的子育て」も、この国の裕福な人たちの間に忍び寄っている。そのことを私は心配している。勉強を最優先にする環境を整えたり、家庭教師を雇ったりする親にとって、子どもへのストレスをなるべく最小限にしようとするオランダの教育方針やシステムの価値は理解できないだろう。幸い私たちの地域では、親が希望することよりも、子どもがしたいこと、そして先生がベストだと思うことを重視しているようだ。

6月には息子の行く学校を決めることになるのだが、今のところ彼に合いそうな学校が24校もあり、どれを選ぼうかと迷っているずいぶん贅沢な状況だ。

ちょうど新しく「学校マッチングシステム」というものがニューヨークから輸入された。これは自分の希望学校リスト10校から最適な1校を選び出し、その理由を説明してくれるシステムだ。このシステムの狙いは、できるだけ自分のリストの希望上位に近い学校に子どもが行けるように指導することだ。しかしそれは今年初めての試みなので、私たちはこのシステムのいわゆる実験モルモットである。

見学した学校はどこもすばらしいところだった。子どもが自分の意思で選択するように任せると、親のストレスはずいぶん減る。

オランダは、学力だけで子どもを評価しない

中学校はかつてはくじ引きで選考が行われていたという。人気のある上位6学校は人数制限があるので（これは今でもある）、子どもは自分の第一希望の学校へ入れることもあれば（ほとんどの子どもがそうなる）、どこか違う学校を探さなければいけないこともある。

オランダ人はこのくじ引き選考システムが好きなようだ。というのも、このシステムが親のコネやえこひいきの効かない平等なシステムだからだろう。

さらに不思議なことにオランダ人は学力で選考が行われることも嫌いなようだ。入学面接はなく、どの学校へ行くか成績で決めたりしない。人生で出世コースを進むためには良い成績が大事だと教えられて育った私の目には、この光景がとても奇妙に映る。

私は子どものとき、試験に失敗したらどうしようという恐怖でパニックになり、トイレで吐いたことがあった。算数の試験の途中に立ち上がり、その場から逃げ出したこともあった。そのときは、校長先生が校門のところで泣き顔の私を引き戻してくれたことを覚えている。

思い返してみると、私は常に親の期待に応えようとしていた。親は、私が最高の教育

を受けられるように評判のいい中学校のある学区内へ引っ越しをした。私は優等生であり、母をがっかりさせることを何よりも恐れていた。

ちょうど私がベンの歳のころ、水泳も習っていた。私は負けず嫌いで、毎日練習し、週末にはいろいろな大会に参加した。水泳でも、自分の自己ベストを更新できないのではないかという恐怖のせいで、よくトイレで吐いた。

こんなふうに、私の子ども時代は常に競争にさらされ、いつも一番でいなければならないというプレッシャーがあったのだ。

子育てするならアムステルダム

11年前、オランダへ引っ越してきたときには、子どもが入る学校のことなど考えもしなかった。当時の私は妊娠37週目で、ロンドンの会社の育児休暇を利用して夫のいるアムステルダムへ来ていたが、6か月の休暇を終えれば、また大好きなロンドンの仕事へ戻る予定だった。今思えばそのころの私は、出版業界でキャリアを積みたいと躍起になって働く、若きワーカホリックだった。子どもはロンドンの託児所に預け、小学校のことは後で考えればいいと思っていた。

イギリスとオランダを隔てる週末婚はそれまでとても上手くいっていたし、自分が親になってもこのスタイルを続けられるものだと思っていた。子どものころ、私の父は石油掘削の仕事をしていて家を空けることが多かったので、父親が子育てに必要不可欠なものだとはちっとも思っていなかったのである。

しかし現実は違った。私はこのストレスに満ちたロンドンで、フルタイムの仕事をまた始めようとしていたが、泣いている赤ちゃんをあやし、世話をすることは、とてつもない時間とエネルギーが必要だと痛感した。

そこで、子どもをアムステルダムで育てることについて現実的に模索しはじめた。調べるうちアムステルダムの子育てには、たくさんの良いところがあることがわかった。アムステルダムでは街へ出かけるときにどこへでも自転車で行ける。息苦しい地下鉄、超満員でダイヤが乱れ荒れ放題のバスに嫌な思いをする必要もない。

何より、オランダの親はのびのびしていた。小さな子どもはどこでも（レストランの中でさえも！）楽しそうに走り回っていた。

それに、オランダの子どもはほとんど公立の小学校に行く。オランダには公立小学校しかないので、親は公立に行かせるか私立に行かせるか迷うこともない。だからお金持ちかそうでないかという醜い競争に巻き込まれることもない。義理の妹の子どもも、礼儀正しくて人懐っこかった。私の子どももこんなふうに育ってくれたらうれしいと思った。

オランダで子育てすることは良いことなのでは？　私は一大決心をして、アムステルダムに移住することにした。

小学校で痛感したイギリスとの違い

ロンドンへ帰ればいつでも友だちと情報交換できたので、それぞれの国での母親の生活の違いを知ることは簡単だった。赤ちゃんのうちは、託児所やベビーシッターなど、両国間の子育てにそれほど大きな違いはなかったが、子どもがだんだん大きくなり、学校へ行くようになるにつれ、2つの国の違いがだんだん大きくなった。

最近発行されたオランダのテレグラフ新聞で、「イギリスでは、2人の子どもが保育園から高校、その後の大学へ3年間通うためには、個人レベルで60万ポンド（約1億1400万円）の教育費がかかる」と見積もられた記事が掲載された。そんなお金持ちは、ロンドンに住む友だちのどこを探しても見当たらなかった。1つの解決策は、評判のいい公立学校の学区へ引っ越しをすることであり、実際にそれを実行した知り合いがいる。

イギリス南東部のサリーに住み、ロンドン市内まで通勤する友だちのヘレンは、自分が子どもに「最良の教育」を与えられていないことに罪悪感を感じると話した。「もし子どもが私立学校へ行けなければ、親としてやるべきことをしてやらなかったことと同じだと思う」と言うのだ。私がオランダでは私立の選択肢はなく、公立学校しかないと話したとき、彼女はとても羨ましそうに私を見た。オランダにある私立学校は一般的に、ブリティッシュスクールやアメリカンスクールやインターナショナルスクールなど外国人のためだけにある。

ロンドン・ナイツブリッジの高級住宅地に住む友だちのセルマは、学校が子どもにプレッシャーを与えすぎていると不満を並べた。校長先生に呼ばれ、息子が落第するのではないかと心配して行くと、校長先生が問題にしていたのは、5歳の息子がまだ九九の暗記をできていないことだったそうだ。

彼女は息子がそんなに小さいうちに、すでに落第生のレッテルを張られることをとても心配していた。その点オランダでは子どもが勉強を始めるのは6歳からだし、それまでは体系化された遊びに重点を置いている。

ここに挙げたのはわずか2例にすぎない。イギリスでは数多くの親がオランダでは目にすることがないような学校や託児所でのプレッシャーを経験する。もちろんロンドンやニューヨークに比べて、アムステルダムは規模が小さいので同じように比較できないことはわかっているし、小さい街ほど子どもと生活がしやすいこともわかっている。しかしその違いは単なる規模の問題だけではないようだ。

オランダに比べてイギリスやアメリカの親は、自分の貴重な自由時間を使ってあれこれうるさく言い、子どもの生活により多く干渉しようとする。子どもは自分のしたいことを自由にすることができない。それに毎日のように小児性愛者の問題が大きく報道されるので、子どもたちが自由に外で遊ぼうという健全な精神は、とてもじゃないが育めない。オランダにはそうした低俗で扇情的な新聞はない。オランダにももちろん小児性愛者はいるけれど、その脅威を大げさに広めるようなことをしないのだ。

イギリス国内の大きな都市にあるほとんどの学校には、刑務所さながらのセキュリティーチェックがある。友だちの子どもが通うロンドン北部の公立小学校では、校門のところに金属探知機がある。こんな光景はまずオランダでは見ないだろう。オランダの学校には誰でも歩いて入ることができるが、だからと言って殺人鬼や犯罪者が校内を歩き回るという意味ではない。脅威をみんながきちんと捉え、社会の目がちゃんと光っているので大掛かりなチェックは必要ないということだ。

子どもたちは遊び方を忘れたの？

友だちのセルマが「子どもの遊びをあれこれアレンジするエネルギーがない」と言ったのを聞いて、私はとても驚いてしまった。そんなことを言う親がいるなんて信じられないと思ったからだ。

イギリスの街で育つ子どもは、何もない公園で遊ぶのが嫌いで、高価な娯楽や旅行、何か計画された遊びをしたがる。家の中では、最新のビデオゲームや豪華な音響機器のついたホームシネマで遊ぶのだと彼女は言った。

彼女は息子とその友だちをボーリング場へ連れて行ったときの話も詳しくしてくれた。ボーリング場から帰ってくると、何も遊ぶことがないと言って、その子は母親に電話をし、30分後に迎えに来てもらっていたそうだ。まったく、子どもたちは遊び方を忘れてしまったのだろうか？

賢く意欲的なイギリス人の友だちのうち何人かは、ここ最近、世間に要求される子育てに応じるために、仕事をいったん中断せねばならなかった。彼らが負っているプレッシャーは想像を絶する。親は常に子どもが最高のスタートを切れるように心配し、その完璧主義の悪循環に巻き込まれてしまっている。

私たちは、親の世代よりも物資的に恵まれて育った第二次世界大戦後の最初の世代だ。学校でトップクラスの成績を取ること、成績優秀者として卒業すること、小学校6年生まで楽器を習いつづけること、オリンピック競技の予選を通過すること……。そんなことがこれからの子どもの人生を楽にはしないし、将来の成功や楽しみを保証してくれるわけでもない。それは私たちもわかっているが、それでも子どもにそれらを無理強いし、そうすることでより多くの成功を収め、安全で幸せな将来が保証されると信じ込ませている。
一方、オランダの学校では、小さい子どもやその親が、人生で成功するために強いプレッシャーにさらされるようなことはない。それは彼らがとりわけプレッシャーに強いからではなく、プレッシャーそのものがほとんどないのだ。

オランダの親が成績よりも大切にしていること

子どもは教室の中で自分たちの時間を楽しみ、学校が終わると外で元気に遊ぶ。子どもが楽しい時間を過ごすのはたしかに私たち親の望むことだ。しかし、そうは言ってもオランダの親はなぜこんなにも、子どもの成績を心配しないで遊ばせていられるのだろうか？

私はその答えを探るべく、まずは、毎月行われている読書会のメンバーにインタビューしてみた。読書会の中で私は唯一の外国人で、ほかの7名のお母さんは、ランダムに選ばれた人たちなので、リサーチ対象としてうってつけだった。彼女たちの子どもの年齢は6〜12歳。私は自分が幸せな子ども時代についての本を執筆する仕事をしていることを説明し「オランダの子どもがなぜ幸せなのか」と聞かれて思い浮かぶことを話してもらった。

「幸せというのは、何かをたくさん持っていることではなく、自分の持っているものや自分の置かれている状態を受け入れることなんじゃないかしら。私たちの子どもは、自分が世界で最高のサッカー選手になれないことをちゃんと受け入れているの。きっと、立ち直りが早いんだわ」と1人のお母さんが言った。するともう1人が「オランダの子どもは会話に参加して自分の意見を発言できる場があるわ」と言った。

続いて3人目が、「親がパートタイムで働くから子どもと過ごせる時間がたくさんあるのよ」と言った。そしてほとんどのお母さんたちが迷うことなく、「オランダの子どもたちは外に出て、街中どこでも好きなように遊ぶことができるからね」と、口を揃えて言った。

ロンドンに住む私の友だちの生活は、こうしたのんびりとした生活とは根本的に違う。私はここに住んだ当初から、オランダの子育ての方針に心を掴まれた。リナと違って文化の違いに悩まされることはなかったが、できるだけ自分のイギリス的な価値観を振り払い、オランダでの生活に溶け込もうと努力した。

オランダは子どもを育てるには完璧な場所だと思う。でもここを「楽園」と呼ぶことは間違っている。この国に溶け込むことはそんなに簡単なことではないし、それにここの天気はいつでもとても悪いからだ。

自分で考え、自分で行動できる子どもに育てよう

午後、家庭菜園で過ごした後、自転車での帰り道で公園の角にあるアイスクリーム屋に立ち寄った。ベンは遠くから妹のイナを見つけた。イナは同年代の子どもたちとサッカーをして遊んでいた。親友のタインも一緒。でも、もちろん彼の両親は付き添ってはいない。ベンはアイスクリームを食べ終わると、イナをビックリさせようとしたが、私と話をしている間に、彼女はどこかへ行ってしまった。家に向かって歩いていると、ジャケットを片手にイナがキックボードで追い抜いた。私たちは16時30分に家へ戻ってくるように約束していた。私とベンは彼女を追いかけるように走って戻り、ギリギリ間に合ってドアを開けた。彼女は疲れたふりをして頬をバラ色に染めながら「ふうー」とため息をついて「公園で4時間半も遊んでいたのよ！」と言った。

私は娘をとても誇りに思う。彼女は今朝、自分で友だちと遊ぶ約束をして午後の間はずっと公園で遊び、ちゃんと約束の時間に家へ戻ってきたからだ。

イナはおてんば娘で、ボールを渡せばうれしそうに何時間もそのボールを蹴っている、そんな女の子だ。けれど、そうは言っても私が何も言わなければ、ほかの多くの子どもと同じように何時間もｉＰａｄやＷｉｉに釘づけになっていることだろう。

外で子どもを親の付き添いなく遊ばせ、徐々にその行動範囲を広げていく。そうした育て方をあるオランダ人の親が教えてくれた。その方法については後ほど紹介したい。オランダでは、子どもが親から離れて自分で考えて行動する。親は子どもをずっと心配している必要はない。これは親にとっても子どもにとっても、健全で良いことだ。リナと同じように、これこそ私の子どもたちに過ごしてほしい子ども時代そのものだと思う。

2. 母になることは、辛いことじゃない

リナがオランダの出産から学んだこと

2人目の出産のとき、どうしても譲れない条件があった。それは私の望む方法で出産をすることだった。

かくいう私の願いはいたってシンプルだった。出産のときに痛みをやわらげるじゅうぶんな薬を使ってもらい、回復するまで病院で2、3日安静にしながら、この腕の中で

生まれたばかりの元気な赤ちゃんを抱くこと。

私のようなミレニアル世代（1980年代から90年代生まれの人たち）は、自分の髪型、洋服、交友関係やライフスタイル、食生活、適度な運動習慣といった自分の生活に関わるすべての物事を自分に合うようにカスタマイズしてきた。自分が特別だと思い込んでいるほかのミレニアル世代と同じように、私は自分が特別で情報通でありたいと思っていた。妊婦検診、出産、分娩後のプロセスを細部にわたり調べ上げ、自分なりにカスタマイズした出産プランを思い巡らしていた。こうすることこそが、赤ちゃんへの愛の深さを測る基準だと思っていた。

しかし、ここにきて1つ、大きな壁が立ちはだかった。

自宅出産があたりまえ!?

近所に住む36歳のオランダ人女性マリスカが家へ来て、コーヒーを飲みながら「オランダでは普通、鎮痛剤を使わず助産師に助けてもらいながら出産するのよ」と説明してくれた。彼女はかつて看護師の仕事をしており、彼女の親もまた医師であったので、彼女の話には説得力があった。続けて彼女は「オランダでは妊娠・出産というものは医療事項というよりも、ごく普通の日常的なことと考えられているのよ」と言った。

子どもが生まれる前から、オランダで子育てをするという厳しい現実はもう始まっていたのだ。妊娠に関して医療サポートを受けることがあたりまえの国（とくにイギリスとアメリカ）と違って、オランダでは妊娠・出産が日常生活の一部と捉えられ、できるだけ自宅で出産することが奨励されている。妊婦が合併症などでリスクがあると診断された場合は例外だが、これが合理的な考え方とされ、オランダ人は、そんなふうに地に足がついた合理的な国民であることを自ら誇りに思っている。オランダ人にとって住み慣れた自分の家で出産をするということは、新しい家族を迎え入れるためにもっとも理に適ったやり方なのだ。

現在、「home」という言葉で表されるような「家庭」の概念は、もともとあったわけではない。歴史学者によると、ヨーロッパ圏内のどこよりも早く、17世紀のオランダで「home」が今のような「家庭」という意味を持つようになったそうだ。裕福で都会的なオランダ中流階級者が、父・母・子どもという核家族のために、小さいながらも自分の家を手にすることができた最初の人たちだった。「ただの建築物（house）」から、子どもを生活の中心に置く「家族の空間（home）」へと発展する始まりがそこにあった。オランダ人の家族が一緒に時間を過ごすこの場所が、安全・快適で、すばらしい愛にあふれた空間という意味になっていった。

「一番下の息子チェルクを出産したときのことを知ってる？　今あなたたちが使ってい

る寝室で出産したのよ。吹雪のすごいときだったかしら……。もう25年も前のことだけれど」と、マリスカがコーヒーをすすりながら話した。その光景はいったいどんなものだったのだろうと、私は居間を見渡しながら想像した。

彼女と彼女の夫は、今、私たちが住んでいるコテージの前の持ち主だ。3人の息子が成人したのを機に不動産を分割し、このコテージを売りに出し、残った土地に夢のマイホームを建てた。

学生時代をヒッピー発祥の地であるカリフォルニア州バークレーで過ごした私は、自分のことを自由人だと思っていた。だから、キャンプファイアを囲んでゴスペルを歌ったり、オーガニックの食べ物を食べたり、定期的に子どもを外国へ連れて行くことには大賛成だ。

でも……、まさか自宅で出産するなんて……。

鎮痛剤もなく、出産直前まで医師もいないところで……!?

それが本当に母親と子どもにとって幸せな出産なの……!?

彼女の話を聞きながら、ぐるぐるとそんな疑問が頭の中を回っていた。

「家庭」が痛みも恐怖もやわらげる

「吹雪の降る中での自宅出産は、怖くなかった?」と、私はマリスカに尋ねた。

「ちっとも。もし何かあればいつでもすぐに近くの病院へ行けるんだもの」と、マリスカは答えた。

オランダの自宅出産は、助産師と医師が密接に連絡を取り合う統合ヘルスケアシステムで支えられている。それにオランダは人口過密国なので、緊急の事態が起きれば、すぐに一番近い病院へ移送してくれる。彼女は続けた。

「オランダ女性は強いから出産の痛みには耐えられるのよ。私には助産師がついたので、痛みをやわらげる硬膜外麻酔やほかの薬はいらなかった。病院のように外部者の出入りや、まぶしいライトやガチャガチャしたうるさい医療器具の音もなく、自分の寝室で夫に横についてもらって自分の羽毛布団の上で居心地よく出産に臨めたのよ」

マリスカは私の顔に現れた不安と抵抗の表情を読み取って、秘密を打ち明けるようににっこりとほほえんで言った。

「私は自宅でどうしても出産したかったの。だってそれは『gezellig(ヘゼリッグ)』なことだから」

そうだ……。

まず、英語にはないこの独特のオランダ語について説明しなければならない。「gezellig」（ggggheh-sell-ig（ヘエエゼリッグ）と喉から何かを吐き出すように「g」を強く喉の奥から発音する）は、心地良さ、人の温かみ、絆、愛、幸せ、心の穏やかさ、満足感、安心そして親交という意味を連想させる。デンマークで言われる「ヒュッゲ」と同じように、他の言葉に置き換えるのが難しい独特の感性を表現する言葉である。わかりやすいたとえで言うと、それはちょうど、大好きな人と焚き火を囲みながらホットチョコレートを飲んでマシュマロを食べているときのような、ほっこりした気持ちのことだ。

オランダ語「gezel（ヘゼル）」の語源は「友情」であり、大好きな人たちと絆を育てていくことだ。「gezellig（ヘゼリッグ）」という言葉は、みんなが集まる場所やパーティー、食事、子どもの遊びの約束など、人付き合いのどんな場面でも、楽しい時間を過ごせたことを感謝する言葉として使われる。

とはいえ、出産に関してこの言葉を使うのは、個人的には少し腑に落ちない。私が出産といってまず頭に浮かべる言葉は「痛い」「人生を変える大事件」「予測できない」というもので、決して彼女のように温かく家族で一緒に迎えるなどという悠長な言葉は連想できないからだ。

自宅出産が「gezellig（ヘゼリッグ）」であるという人はマリスカだけではなく、ほかにもたくさんいた。そして、オランダで暮らす外国人からも耳にした。南アフリカ人のエルマは、自宅出産というスタイルをとても気に入っていた。

「娘のステラを自宅で出産した2日目には、もう自分で起き上がって家族の朝食を用意していたの。それはとってもすばらしいことよ。家族に囲まれた家にいながら、すばらしい助産師が世話をしてくれるなんて最高だわ。病院によくあるようなストレスはまったくないし、焦ることも心配することもない。自宅出産をすることで生まれる家族の愛情と、みんなが一緒にいるという一体感、それこそが『gezellig（ヘゼリッグ）』なのよ」と、彼女は語ってくれた。私自身はまだこう言い切ることにためらいはあるけれど……。

シンガポール系オランダ人のロブとゴウリの場合、2人目を自宅出産するということが彼らの強い希望だった。ロブの書いた出産記録を読むと「温かい我が家で、ゴウリはニッキーの妹にあたるキラを出産した」と書いてある。私はこの「温かい我が家で」という言葉に敏感に反応した。彼もまた自宅出産が「gezellig（ヘゼリッグ）」なことだと考えていたのだ。

皮肉なことに、ほとんどの先進国では自宅出産する場合に起こりうるリスクばかりが懸念されている。セーブ・ザ・チルドレンの世界の母親レポート16号によると、オランダは世界的に見て、自宅出産のリスクが低い国の1つに入っており、ランキング6番目だ。それに比べ、イギリスとアメリカは、24番目と33番目という結果だった。

助産師のもと、昔ながらの出産の伝統を持つオランダでは、帝王切開による出産がとても少ない。その一方でほかの先進国の場合、帝王切開する可能性は驚くほど高い。たとえばイギリスでは4件に1件、アメリカでは3分の1の出産が帝王切開という具合だ。それに比べオランダは10分の1よりも低い。

最近のイギリスでは、自宅出産に対する考え方が変わりはじめている。イギリス国立医療技術評価機構（NICE）は、自宅で出産することは母子の健康に良く、母親へのリスクも低く、赤ちゃんにとっても安全であると発表した。イギリス国民医療サービスは、近年の事実に基づいた膨大な調査をもとに、とくに第2子の自宅出産は病院で出産するのと同じくらい安全であるとして自宅出産を推奨している。

しかし、イギリス統計局によると、イングランドとウエールズで2013年に出産した人のうち、たった2・3％しか自宅出産が良かったと言っていない。また最新のアメリカのデータでは、自宅出産をしたのはたった1・36％の人だという。

オランダでは25％もの人が自宅出産をしている。この数字は、実際に自宅出産をしたいと望んでいるオランダ人の人数を考慮すればもっと高くなるかもしれない。それでも、ほかの先進国に比べればはるかに高い数字なのである。

オランダ最新スタイルの出産

私は早産の可能性があったので、夏の間は病院を出たり入ったりしていたが、ついに妊娠36週目、股の間をものすごい勢いで水が流れ出るのに気がついて目が覚めた。破水だった。いくつかの合併症をともなうハイリスク妊娠だったので、産科医のところへ行かなければならなかった。入院セットはすでに用意してあったのでそれを持って、長男のユリウスをベビーシッターに任せ、地元の病院へ向かった。

看護師は、私が破水していることを確認すると、個室の出産待機室へ案内してくれた。そこへ、背が高くブロンドに青い目、典型的なオランダ人ハンサムの産科医、ヤン先生がやってきてオックスフォード仕込みのイギリス英語で私に話しかけた。あまりにもハンサムな先生だったので、どうしてもテンションが上がってしまった。

ヤン先生は「身体は本能的に赤ちゃんをどのように出産するかをわかっているので、温かいシャワーを浴びたり、歩き回るなどして身体を少し動かしながら気長に待つといいよ」と私に言ってくれた。

先生が部屋を出た瞬間、お決まりのように強烈な陣痛がやってきた。夫は私の手を握りしめ時計を見た。このとき、私の中のタチの悪いアメリカ人の一面が目を覚まし、叫び声をあげ、まくしたてた。

自然分娩で私が得たもの

助産師が部屋へ入ってくると「ヒー・ヒー・フー」というようにラマーズ法の呼吸練習で私を落ち着かせようとしてくれた。そして「pijn-is-fijn（痛みは良いことだ）」というオランダ哲学について教えてくれた。その哲学とは、痛みは出産過程に必要なもので、それは赤ちゃんが生まれた後にお母さんと赤ちゃんの絆をとても特別なものにしてくれる、というものだ。

しかし私は、そのことをきちんと理解する前にさっさと分娩室へ運ばれてしまった。もう硬膜外麻酔を打つには遅かった。ヤン先生は自分の勤務時間が終わったというのに私の出産を気にかけ、中へ入って診てくれた。私は思わず先生に恋をしそうになった。こんな大変な状況であるにもかかわらず、初恋をしたスクールガールのように私は必死に笑顔をつくった。そんな私を、夫はベッドの横で「息をした方がいい。僕について言ってみて、ヒー・ヒー・フー」と、彼なりに励ましてくれた。

いいかげん、この痛みから解放してほしいと思った最後の瞬間、片手で夫の手、もう一方で看護師のシルビーの手につかまりながら、私はハンサムなヤン先生の「ヒー・フー・ヒー・フー」の調子に合わせた。そして、ついに6月28日月曜日17時39分に次男のマテオが誕生した。

シルビーは出産した後、「自然分娩は、マラソンレースをしたのと同じくらい体力を使うのよ、自分に誇りを持ってね」と、私をとても特別な人間のように扱ってくれた。

ヤン先生にお礼を言うと、彼は誰もがうっとりするような最高の笑顔で「これはあなたが自分で成し遂げたんですよ。オランダスタイルの出産テストに合格だね、おめでとう」と言ってくれた。

自分で経験をして、オランダスタイルの出産とは、ただ自然に任せて出産をする・痛みを受け入れるというだけではないとやっとわかった。オランダスタイルは、母親に強くたくましく熱い母性を抱かせてくれるものなのだ。

オランダの出産には、親身にケアしてくれる人々のサポートがあり、自分らしく自然に振る舞えるようにしてくれる。「幸せな母親には幸せな子どもがいる」というオランダの格言がそこにいる人には沁み込んでいると気がついた。

人々の愛にあふれた環境で出産することで、女性は不屈の精神で母親になろうとするし、出産がポジティブな経験であると感じることができる。

妊娠や出産を自然なプロセスと考えることで、イギリスやアメリカでよく見受けられるようなパニック、医療サポートや緊急モードといった事態は、避けることができるのだ。

ミッシェルの初産体験記

妊娠37週目でオランダへ引っ越してきた数日後、地元の助産師にイギリス式の出産プランでの出産をお願いしようとすると、彼女は頭を左右に振りながら「そんなことダメよ！　ここでは自宅出産するのがあたりまえなの」と言い切った。「陣痛のときは、必要があれば硬膜外麻酔ではなくマウスピースから吸入する笑気麻酔または鎮痛薬を使用したい」と細かに書いた私のメモをその助産師はちらっと見て「鎮痛薬なんてないわよ。はい、これが出産に必要なもののリストね」と、素っ気なく言った。

助産師のくれたリストには、ベッドの高さを上げるための木製ブロックや、プラスチックシート、へその緒の止血に使うクランプなど、古臭いアイテムも含まれていた。ロンドンにいたとき、出産・育児に関する本を読み、イギリス最大のママ向け情報サイト「マムズネット」で猛勉強し、妊娠中の友だちのメモを研究したりしてオランダにやってきたが、これはどうやらオランダスタイルの出産にはまったく通用しないようだ。

この国では本当に、自宅出産することがあたりまえのようだった。私の夫もまた自宅出産はごく普通のことであると私に確信させた1人である。

入院セットを用意する代わりに、オランダ流の特別出産キットを注文した。助産師の腰が痛くならないように、ベッドの下に置く木製ブロックを買うことになるなんて考えもしなかった。

ガーゼやへその緒クランプやマットレス・プロテクターなどの出産キットが届くと、それらをすべてベッドの端にきちんと積み重ねた。

出産予定日が過ぎても何の予兆もなかった。上下にジャンプしたり、歯ブラシで洗面所の隅から隅までくまなくゴシゴシと磨いたり、やりかけの刺繍を終わらせたり、裏庭の柳の木を切り倒したり、田舎のデコボコ道を車で走ったり、カレーを食べたり、セックスをしたりしたけれど、どれも出産には効力がなかった。

出産予定日を2週間過ぎたころ、助産師から彼女のオフィスへ来るよう指示されたので出向いた。プラスチックの長椅子に座って膝を広げると、助産師は私の子宮に手を突っ込み、出産を刺激しようと試みた。それは痛くて、まるで獣医がやるようなやり方だと思った。

しかし、それでも出産が始まらなかったので、私は病院へ搬送された。そのとき、私がどれほど安堵したかは言うまでもない。

「産褥看護師」が起こした奇跡　*by Rina*

オランダではたいてい赤ちゃんのうれしい誕生をみんな一緒に自宅で迎える。私はマテオを病院から自宅へ連れて帰ることをとても楽しみにしていた。自宅には産褥（さんじょく）看護師が来てくれることになっていたので、なおさら待ち遠しかったのである。

産褥看護師のラダは、4人の子どものママだ。こちらが思わずニッコリしてしまうような物腰の柔らかい親切な人だった。彼女は授乳育児コンサルタントの資格も持っていた。

オランダでは、出産後に母親をできるだけ健康な状態に戻すことを国益と考えているようで、家庭の収入に関係なく「kraamverzorgster（クラームゾルフスター）」と呼ばれる産褥看護師が、赤ちゃんが生まれてからの8～10日間（医療的サポートが必要なときにはそれ以上）産後ケアとサポートのため、すべての家庭に派遣される。

初めて母親になるということは、思いもしない生活や感情の変化、このうえない喜びから孤独感、場合によってはうつになるというように、予期せぬことが起こるものだということをオランダ人はわかっている。

私の世代のアメリカ人ママたちは、出産が助産師による自宅出産だろうが、病院での医療出産であろうが、そのシナリオを自分で思い描いて「完璧な出産」をすることにこだわる。でもそのシナリオは、赤ちゃんが誕生した後に直面するかもしれない母乳育児の問題や、疲労、心配、睡眠不足、感情の激しい起伏などの現実をじゅうぶんにフォローしていない。オランダではこの点を「kraamverzorgster（クラームゾルフスター）」がそばにいてサポートしてくれるのだ。

ミッシェルの家族がマテオの誕生を祝いに我が家まで来てくれた。私たちはもちろん、出産の体験や、産褥看護師（のしてくれたこと）についてシェアした。

「私が長男を出産した後は、自分のことも、赤ちゃんのことも放っておいてちょうだい、という極限状態で、自分のことさえ世話できなかったの。今までオムツなんて変えたことなかったし、赤ちゃんをどうやってお風呂に入れるのか、着替えをどうしたらいいのか全然わからなかった」

イナが生まれたばかりのマテオをぎゅっと抱き締める姿を見ながらミッシェルが打ち明けた。

「長男誕生のときに来てくれた産褥看護師は、やり方を私に見せながら赤ちゃんのお世話短期集中講義をしてくれたの。彼女はそのうえ、買い物、料理、掃除もしてくれて、お客様が来たときには、温かい飲み物やクッキーを振舞ってくれた。産後の3週間、フルタイムのお手伝いさんが家にいたようなもので助かったわ」

ミッシェルの話は特別なものではなく、オランダの新米ママからよく聞く話だ。産褥看護師は新米ママに母乳育児の仕方、赤ちゃんのなだめ方やお風呂の入れ方など母親になるための基本的なハウツーから、帝王切開した場合には縫合したところが回復しているかのチェックや、生活の実用的なお手伝いも含めサポートしてくれるのだ。

産まれたばかりの赤ちゃんに起きる黄疸などのさまざまな問題、母親の分娩後の合併症やうつの徴候などの問題にも対処できるよう彼女たちはきちんと訓練を受けている。

そのほかにも彼女たちは、部屋やお風呂場の掃除、食事の準備などの家事や、生まれたばかりの赤ちゃんとその家族をお祝いにくるお客さんのお世話もしてくれる。

「ビスケットはいかがですか？」と、ラダが台所からトレーを持ってきてくれた。

「ユリウス、いらっしゃい、外でボール遊びでもしましょう。どちらが先にお外へ行けるか競争よ」と彼女が言うと、「僕だよ！　僕が一番だよ！」とユリウスが叫んだ。ラダがわざと2、3歩遅れながら、2人は庭へ走って行った。

母親を前向きにする産後のサポート

ラダが私や赤ちゃんや家族の世話をしている様子を見て、ミッシェルの昔の記憶が蘇ったようだ。

「長女のイナが生まれたとき、ベンはまだ2歳半だった。2人目のときには早く体調が戻ったので、1週間だけ産後のお手伝いを頼んだのよ。でもその後、小さな子どもと赤ちゃんの世話を両立させるのが大変で、そのお手伝いのありがたみが本当に身にしみたわ」と、彼女は言った。

　私たちの産褥看護師がしてくれたサポートはごく普通のものだ、何ら特別ではない。以下はオランダ人作家アブデルカダ・ベナリのフェイスブックからの引用だ。

「私たちは産褥看護師オードリーにさよならを言った。彼女はすばらしい看護師だった。『もし母乳が出てこないと思ったら、母乳は本当に出てこないわよ』と、妻に叱咤激励したり、娘のアンバーをどのように世話したらいいかなど、たくさんの秘訣を教えてくれた。

　妻には、『rugby grip（ラグビースタイルの抱き方）』や『tiger-on-wood grip（トラが木の横で寝ているスタイルの抱き方）』を教えてくれ『アンバーに赤ちゃん言葉で話しかけてはダメよ』ともアドバイスをしてくれた。彼女は本当に熱心で専門知識も兼ね備えたすばらしい人だった。ときに、人には幸運がやってくるというけれど、私たちにはオードリーが来てくれたことが、本当に幸運だった」

「『rugby grip』や『tiger-on-wood grip』とは、いったい何ですか？」と、私はこのオランダ人作家にメッセージを送った。もっとこのことについて知りたかったのだ。

「これは子どもの抱き方のことで、この抱き方で子どもが居心地よく安心を感じるのです。『ラグビー』は、ラグビー選手がボールを小脇に抱きくるむポーズからきていて、『タイガー』は、トラが木の枝の横でゆったりと横になっているように赤ちゃんを抱きかかえるポーズからきています。そのように違うポーズで子どもを抱くことは、赤ちゃんだけではなく、親にとっても腕や首が凝らないようにするためにも重要なことなのです」と、返事をくれた。

私は続けて「オードリーとのふだんの1日の様子を教えてください」と聞いた。すると、「彼女はすばらしかった。初日の朝、我が家にやってくるとまず、母乳が出ると自分が信じればちゃんと母乳が出てくると妻のサイダを元気づけて、赤ちゃんに母乳を飲ませてくれました。

それから妻に母乳をあげるときの正しい姿勢や、どのようにマッサージをすればいいのか教えてくれました。また赤ちゃんが泣いたとき、あくびをしたときにその表情をどのように読み取ればいいのかも教えてくれたのです。彼女のそうしたとても率直でポジティブなサポートスタイルが好きでした」と答えた。

続けて「彼女がしてくれたことに驚くことがありましたか?」と私が聞くと、「良い意味で彼女には驚かされました。彼女は私たちを元気づけてくれ、本当に多くの子育ての秘訣を教えてくれました。また子どもが泣いたときに自分を責める必要はない、母乳で育てることと赤ちゃんをあやすことは親子の絆を深める一番良い方法だとも教えてくれました」と、アブデルは言った。

都会の出産は孤独

もう一度、自分を振り返って考えると、この産褥看護師の存在がいかに産後の経験を違った印象にしてくれるかを感じずにはいられない。

西ヨーロッパのほかの国では、新米パパママはほとんど誰のサポートも受けずに赤ちゃんの面倒を見ることが当然と思われている。イギリスでは合併症がなく、母子ともに健康だとすると、出産後6時間以内には退院させられる。この論的根拠は、健康を回復するためには自宅が最適だということらしいが、その過程は工場のベルトコンベヤーのようだとたとえられることもある。ちなみにイギリス人女性はほかのヨーロッパ諸国の中でも、出産後病院で過ごす時間が一番少ないと言われている。

イギリスでは出産後の10日間、何度か助産師が訪問してくれるが、とくに問題がなければ毎日体調をチェックはしてくれない、とミッシェルが話してくれた。私は産後の母親が受けられるサポートの違いについてもっと知りたいという興味にかられたので、ロンドン南東で弁護士の仕事をしているミッシェルの友だち、レイラに彼女の経験談を聞いた。

レイラは3人の子どものママで、一番下の子どもは9か月だ。

「イギリスには産後のサポートはないに等しいわ。何度か健康チェックする人が来てくれるけれど、それだけ」と、彼女は教えてくれた。

「3番目の子どもの世話のために夜のベビーシッターを頼んでいるけれど、その費用はとても高いのよ。オランダには産後に至れり尽くせりのサポートがあるなんて信じられない！」

アメリカのお母さんはもっと大変だ。出産後1、2日で病院から追い出され、最初の経過観察は、出産後の疼(うず)きと痛みが治まった6か月も経ったころに、産科医とアポをとってチェックされるだけなのだ。アメリカのお母さんは出産後、すぐに体調が回復するものだと思われているので、オランダで行われているような贅沢なサポートはなく、自分の母親、叔母、姉妹、友だち、教会関係者、近所の人たちなど個人のあらゆるネットワークでサポートしてくれる人を探さなければいけない。お金のある人の中には、プライベート助産師や産後ドューラ（サポート産後支援）を雇う人もいる。しかし現実には、アメリカでもイギリスでも近くに家族のサポートがなかったり、赤ちゃんを育てた経験がない中で、自分でなんとかしなければいけない都会ママの数が増えている。

産後の母親に必要な心のケア

限られた産後のケアだけでも大きな問題はないかもしれないが、ときに、目には見えない深刻な問題が進行していることもある。たとえば「産後うつ」は、7人に1人の割合で産後の母親たちを襲う。このことはよく知られているのに多くの場合はきちんと認識されないまま、お母さんたちは放っておかれている。

一方、オランダでは産褥看護師たちがこれをきちんと検査し把握してくれるのだ。「うつの症状は、産後によく起こるのよ。だから私たちは、各家庭へ行って母親たちの健康状態や心理状態をきちんとチェックするのよ。もしそのときに産後うつにかかっている徴候が見られれば、すぐに医療的サポートが取れるように手配するわ」と、ラダは言った。

「もし母親がサポートを求めなかったらどうなるの？」と私はラダに聞いた。

「少なくとも私の知る限りそんなことは一度もなかったわ。私がお世話してきた母親たちは、自分の経験をオープンに話し、お互いを認め合う安心できる人たちだったの。オランダには、パートナー、医師、助産師、そして私のような産褥看護師など、すべてを網羅したネットワークの環境が整っているから、恥ずかしがらずにむしろ積極的にサポートを受け入れようとしていると思うわ」と、彼女は言った。

オランダの産褥看護師は産後期間、母親と赤ちゃんとを1セットで世話し、優しく指導、サポートする。そのおもな目標は、赤ちゃんが満足する安全で静かな環境を自分が提供できるのだという自信をお母さんが持ち、自立した母親になれるよう指導することである。

そのために重要なことは、産後に生じることを正直に何でも隠さず話すことである。母親になってすぐの現実は、ほほえみを浮かべ、熱い紅茶を飲みながら、ゆっくりとくつろいだり、赤ちゃんがベッドで幸せそうにスヤスヤと寝ているようなそんな思い描いていたイメージから程遠いものだ。睡眠不足だとか、母乳育児が難しい、赤ちゃんとどう絆を築いていいかわからないというような、初めて母になることの悩みを恥ずかしいと思わずにいられれば、オランダの新米ママたちのように、どのくらい、どんなサポートが必要で、何をお願いしたいのかを素直に話すことができるだろう。

調査の結果、オランダで出産するということは、新米ママにとっては一番快適で、もっとも協力的な環境と言える。

3. 子育てに頑張りすぎなくていい

母親が肩の力を抜くと、育てやすい赤ちゃんになる by Rina

腕の中で気持ち良さそうに眠っている生まれたばかりのマテオを抱きながら、曾祖父から譲り受けたロッキングチェアに座っている。「この子はなんて育てやすい赤ちゃんだろう」と、つくづく思う。いつもごきげんでいてくれるのは、オランダ流の子育てのおかげだろうか。

オランダ流の子育てをしているお母さんは、赤ちゃんの温もりと愛に包まれて、毎日のんびり過ごしているように見える。私は周りにいるそんなお母さんに憧れてきた。石畳の道や運河沿いでは、ベビーカーや抱っこ紐でのんびり赤ちゃんと散歩したり、カート付きの自転車に赤ちゃんを乗せてサイクリングしたりしているお母さんをよく見かける。誰も育児のストレスで疲れている様子はないし、赤ちゃんが生活になじめていないと心配する様子もない。オランダのお母さんはいつも楽しそうでにこにこしていて、赤ちゃんも泣いたり癇癪を起こしたりするような気配は一切見られない。

私の周りで最初に子どもを授かったのは、ロースとダーン夫妻だった。まずは、彼らの子育てを通してオランダ流子育ての話を始めようと思う。

彼らはブロンドに青い目の典型的なオランダ人だ。2人ともアメリカやイギリスの平均身長より背が高い。私が長男のユリウスを妊娠していたとき、ロースとランチをした。そのときにロースは「息子のフィンはとっても育てやすい赤ちゃんなのよ。子育てがラクなの、本当に！」と、何度も言った。その横で3か月のフィンは、満足気にキャッキャッと声を出していた。その姿を見ると思わず笑みがこぼれた。そんなふうにロースと2人でのんびりとランチを楽しんでいる間、フィンは幸せいっぱいな顔をしてベビーカーの中で仰向けに寝転んでいた。正直なところ、自分たちがリラックスして楽しんでいることに私は少し罪悪感を感じていたけれど……。

本音を言うと、ロースから「育てやすい赤ちゃん、子育てがラク」という言葉を聞くたびに、私はちょっとイラッとしていた。ママブログをたくさん読んでいたけれど、そんな赤ちゃんはどこにもいなかったからだ。

そしてダーンも、私の夫に父親になることはそれほど難しいことではないと豪語した。赤ちゃんのいるオランダ家庭にはたいていある木製ベビーサークルの「箱」の中に、ダーンは用事があるときにフィンを入れておくそうだ。あるときは、ダーンが2階で仕事をするために、45分もの間、居間にあるその「箱」の中に入れられていたが、きょろきょろしながら楽しそうな様子でいたという。

ロースとダーンは非現実的で過保護な育児をするのではなく、ただ「肩の力を抜いた頑張りすぎない親であろう」としているだけのようにみえた。その根本にある前提はわかりやすく言えば「冷静であること」「自分にできる最善のことをすればそれでじゅうぶん」という考え方だ。

「頑張りすぎない母親」という考え方は、1950年代に小児科医及び精神分析医として活躍したイギリスのドナルド・ウィニコットという人が最初に発表した。彼は、何千というお母さんや赤ちゃんの例を調査し、良い母親になるには頑張りすぎないことが大事だと結論づけた。完璧な母親になるなどということは不可能だし望ましいことでもないのだ。

心理学者のジェニファー・クンストも以下のように述べている。

「ウィニコットの『頑張りすぎない母親』を実践すれば、母親でいることが心から楽しいと思える。お母さんが身体的にも感情的にも赤ちゃんに気を配ってあげると、赤ちゃんはいつも親から守られ理解されているという愛と安心を感じる。何か失敗したときには、またトライし辛い気持ちを乗り越えればいい。ときにはそのために犠牲を払うこともあるかもしれない。ウィニコットの言う『頑張りすぎない母親』とは、べつに神業的な特別なものではない。ただ、赤ちゃんに愛と忍耐と努力と気遣いのエッセンスシャワーを注いでお世話をする庭師のようなものだ」

どうやらオランダ人はこの点をきちんと心に留めているようだ。彼らは、親になることに対して現実的で広い視点を持ち、自分や子どもが完璧からは程遠いものだときちんと理解して、ちゃんと現実の世界を生きている。だからといって、日々起こる大変な現実に苦労していないわけではなく、自分自身が不完全で至らないところがあると認め、ありのままの自分を受け入れることで、親になることを楽しんでいるのである。

たとえば、どの子がインスタグラムのモデルで有名になったなどということをオランダ人はまったく気にしない。少なくとも都市圏以外では、赤ちゃんを天才にするためのDVDや、暗記フラッシュカード、お稽古や赤ちゃんジムなんてものは一切ない。オランダ人は頭の良い子どもにするかどうかよりも、ただいかに育てやすい手のかからない子どもにするかを気にしているようだ。

ごきげんな赤ちゃんの秘密

次男のマテオを妊娠していたころ、2回目の子育てを控えている私の思いを見透かしたかのように「オランダの赤ちゃんはアメリカよりもすばらしいのか？」というニューヨークマガジンの見出しがSNS上で目に留まった。さらに追い討ちをかけるように、ロンドンに住む友だちまで同じ記事を私にメールしてくれた。

その記事によると、オランダ人の生後6か月の赤ちゃんは、アメリカ人に比べて、よく笑い、親や好きな人とのスキンシップがより多いというものだった。調査をした人は、その気質の違いは子育てのやり方の違いによるものであると説明していた。

しかし、オランダの親たちが、赤ちゃんをそのように育てるためにどんなことをしているかということはどこにも書かれていなかった。そして実際には、オランダ人は、ほかの国の親が赤ちゃんに対してするようなこととはまったく反対のことをしているように見えた。

つまり、オランダ人は決まった時間に食事をさせ、決まった時間に寝かしつけるという赤ちゃんのスケジュールにこだわり、必要以上の刺激を与えることを避けようとして

Column オランダ流子育ての象徴

ふだんは倹約家であるオランダ人の親が、唯一お金をかけるとしたら、それは質の良いベビーカーだ。

「バガブー」という世界的に有名なベビーカーを考案したのはオランダ人である。使いやすさと機能性、資格認定された最良デザインを組み合わせてつくられており、お値段は目が飛び出すほど高い！

このバガブーのデザイナーはマックス・バーレンブルグという。1994年にアイントーフェンのデザイン学校の卒業プロジェクトで最初にこのベビーカーの開発に取り組んだそうだ。このモジュール式折りたたみベビーカーは丈夫で高性能、かつ都会でも郊外の散歩のときにも使えるマルチなものだ。

2002年に『セックス・アンド・ザ・シティ』というテレビドラマの中で、ミランダが赤ちゃんをこのベビーカーに乗せてニューヨークの通りを颯爽と歩き、世に知られるようになった。今では世界のセレブがこのベビーカーのファンになり、エルトン・ジョン、マドンナ、グイネス・パルトロー、キャサリーン・ゼタ・ジョーンズなどがこのベビーカーを押している姿を写真に撮られている。ちなみにあのイギリス王室のケイト・ミドルトンもその仲間入りをしたようだ。

いる。おとなしく機嫌のいい赤ちゃんを育てるには、規則的な日常生活、たっぷりの睡眠、じゅうぶんな食事、余計な刺激を与えない、といったシンプルなことが大切なようなのである。

オランダでは睡眠の重要性についてとてもよく話される。イギリスやアメリカでは親の睡眠不足は子育ての通過儀礼とされ、睡眠不足であるということが親の証明であり自慢できることだった。しかしここオランダでは、赤ちゃんは寝るもの、そして親も寝られるものだと、あたりまえのように考えられている。

最近の調査によると、オランダ人は平均8時間12分眠っており、世界でもっとも睡眠時間の長い国民であるという結果が出ている。

「小児保健センター」がすごい！

オランダでは、赤ちゃんを熱烈に歓迎するのは、家族、友だち、近所の人や知り合いだけではない。赤ちゃんが生まれてから1〜2日経つと、地元の小児健康クリニックから看護師がやって来て健康チェックをしてくれる、その後は「consultatiebureau（コンサルターチービューロー）」（小児保健センター）で、国で決められた定期的な健康診断が始まる。

小児保健センターは、アメリカやイギリスの育児相談所と同じようなところで、子どもが4歳になるまでいろいろとお世話になる。そこにマテオも毎月通って身長・体重や、運動や言語の発達について検査してもらっている。そして、予防接種も無料で受けられる。ここでの検査で平均的な成長や発達の具合と比べて問題がある場合は、小児科できちんと検査してもらう。小児保健センターは、赤ちゃんの発育についてよく相談に乗ってくれるが、あまりにも熱心すぎて悪名高い。「consternationbureau（思いもしないストレスを投げつけるセンター）」と冗談で呼ばれることもある。

その小児保健センターの看護師であるマリケが「赤ちゃん成長ガイド」というプラスチックカバーのついた青い本を持ってきてくれた。それはオランダ流の育児の手引きであり、子どもの成長記録もそこに記入される。

オランダで公認されたこの育児ガイドのことを私は最初バカにしていた。私は文化のまったく違う国から来たのでなおさらかもしれないが、自分の赤ちゃんをどう育てるかをそんな本に左右されたくないと思っていたし、何となくそこに書かれている内容が機械的なものに思えたからだ。

すべての人にあてはまる万能な子育て方法なんてあるのか？　それをガイド本にする必要があるのか？　と、鼻で笑っていた。そのうえ私には、ジーナ・フォードの『カリスマ・ナニーが教える赤ちゃんとお母さんの快眠講座』（朝日新聞出版・2007年）や、エリザベス・パントリーの『赤ちゃんが朝までぐっすり眠る方法』（エクスナレッジ・

2005年)、ハーヴェイ・カープの『赤ちゃんがピタリ泣き止む魔法のスイッチ』(講談社・2003年)、そしてハイジ・ムルコフ『What to Expect the First Year(未訳:最初の1年に大事なこと)』(1989年)という育児のエキスパートたちがすでについていたのでなおさらだ。

赤ちゃんは泣かせたままにしてもいい?

ところでオランダでは以前から普通に実践されているようだが、1985年にリチャード・フェルベル博士が初めて公にした「赤ちゃんを泣かせたままにする方法」がある。私はオランダ流子育ての中でもとくにこの方法に注目した。

義理の母は今でも「ferberizing(ファーベライジング)(赤ちゃんをベビーベッドに寝かせ、ドアを閉め、夜中に赤ちゃんが泣いてもそのままにしておくという意味)」と呼ばれるものを熱心に信じている。

先ほどご紹介したロースは、これよりももう少しゆるい方法を取り入れている。それは、赤ちゃんをベビーベットに寝かせ、5分ほど待ってみる。もし赤ちゃんが泣いたら言葉であやしてやるが、赤ちゃんを抱き上げることはしない。これを赤ちゃんが眠るまで続ける。

「いずれの方法であれ、赤ちゃんが栄養をじゅうぶんに取って清潔なオムツをつけていることが大前提よ」と、ロースは強調した。

しぶしぶではあったが、私はこのオランダ流子育てガイドにも何か役に立つことがあるかもしれないと少し譲歩して受け入れるようになった。長男が生まれたとき、私が夜中に起こされずに8時間寝ることができたのは、息子が1歳半になってやっとだった。その一方でロースの赤ちゃんは3か月のときにはもう夜通し寝ていたからだ。

規則正しい生活スケジュールを教える

オランダ人は計画好きで、規則に従順な国民としても有名だ。だから、オランダの赤ちゃんがきちんと生活スケジュールを守って生活していると聞いても驚かなかった。アメリカ人の仲間がしているように、私も最初の赤ちゃんが生まれたときは、赤ちゃんの要求に応じてミルクをあげ、寝たいときに寝かせていた。子どもを溺愛するママだったので、長男ユリウスのお腹が空いているのか眠たいのか、どこであれ、いつであれ、四六時中そのサインを見逃さず、彼のペースに合わせた。

「赤ちゃんが自分の生活スケジュールを持つのは常識よ」と、イボンヌは言う。このオランダ人ママには娘ノアがいて、息子のユリウスと同じプリスクールへ通っている。彼女は生まれたばかりのマテオに会いに我が家へ来てくれ、その間、ユリウスとノアは一緒に遊んでいた。

「私の娘は2人とも病院で勧められた生活スケジュールを実践しているのよ。最初のころは難しかったけれど、日常的にそれを繰り返していたら、とても育てやすい子どもに成長したわ。私は彼女たちにとって最高のお母さんでいたいからそれを実行したの。最初からきちんと規則正しい生活スケジュールを子どもに教えることが肝心、本当に最初の日からね！」と、彼女は続けた。

「でももし赤ちゃんがそのスケジュールに合わない体内リズムを持っていた場合はどうするの？　もしお腹が空いたり疲れたりしたら？」と私が聞くと、イボンヌはにこにこしているマテオを抱きながら続けた。

「赤ちゃんがぐずったら、私はただベッドに寝かせておいたの。それはたいてい、スケジュールに合ったタイミングだったわ。スケジュールは、守らなければいけない規則というよりも単なる手引きとして参照するのがいいの。赤ちゃんに一貫した習慣を身につけさせるのに役立つと思うわよ」

私はイボンヌのアドバイスに従った。自己中心的な動機だったが、できるだけ早く夜起こされずに眠りたいと思ったのだ。

4週間後の健康診断でマテオを小児保健センターに連れて行くときに、世にいう「生活スケジュール」を手に入れたいと思った。

小児保健センターの40、50代の医師は、黒くカールした髪でやさしい目をしていた。センターにやってきたすべての子どもと親をじっくりと時間をかけて診察してくれる人で、まさに私が探し求めていた先生だと思った。

「では先生、この生後4週間の赤ちゃんが生活スケジュールに沿って生活するために、私は何をすればいいでしょうか？」と、私は片手にマテオを抱き、もう片手にエバーノートを開いたiPhoneを握りしめて聞いた。この姿は少しばかり度が過ぎて見えたかもしれない。先生は私をじっと見つめて何やらおもしろがっていた。おそらく早朝からのこのアメリカ人のモーレツぶりがちょっと滑稽に見えたのであろう。

医師は言葉を選び、意識的に私と目を合わせて、ゆっくりと慎重に答えた。

「今のあなたの目標はマテオにミルクをあげることです。彼は未熟児で生まれてきたことをちゃんと心に留めておいてください。あなたの赤ちゃんは今、大きくなるために必死で成長しているのです。彼がほしがるだけミルクをあげてください。また数週間したらお話ししましょう」

私はうなずいたが、この医師にある種の落胆を覚えた。これからじゅうぶんな睡眠もなく、どのくらい体が持つのだろうと心配になったのだ。一方で医師に厳しい生活スケジュールを要求されなかったので少しホッとした。

赤ちゃんがほしがるままにミルクをあげる、それはまさに長男ユリウスのときにしてきたことだった。その後、3回の検診とも医師の話は同じで、身長体重を測ってもらい、オランダ人の平均成長と比べた。私は毎回この医師から例の魔法の生活スケジュールを教えてもらえることを楽しみにしていたのだが、これまでしてきたことを続けてするよう言われるだけだった。

マテオの送ってくるシグナルを追いつづけて4か月経ったころ、朝1時間と午後2時間の1日2回昼寝をし、夜は19時にベッドに寝かせ、5時間寝かせたら夜中にミルクをあげるために一度起こし、明け方3時ごろにまたミルクをあげ、6時まで寝かせるというように毎日の習慣はかなり安定したものになっていた。もし夜5時間寝ることを夜通し眠ったと言うなら、マテオは自分でそれを身につけていたと言える。

その後、また小児健康センターを訪問したとき、私は医師の勧める例の生活スケジュールを知りたいとまだ思っていたので、今回はていねいに、かつはっきりとこの質問を突きつけた。私のためだけではなく、この本のためにも必要と思ったからだ。

「マテオは4か月になり、ちゃんと成長しています。今度こそ先生の推奨する特別な生活スケジュールについて教えていただけますか？」と聞いた。

医師はにっこり笑いながら「もう必要ないでしょう、だってマテオは自分でちゃんと自分のスケジュールがわかっているのですから」と、答えた。

「睡眠バトル」に終止符を打とう

アメリカとオランダの赤ちゃんの眠りのパターンの違いについて調査していたとき、サラ・ハルクネス教授とチャールズ・スパー教授というコネチカット大学で人間開発・小児科・公衆衛生を教えている夫婦の研究を見つけた。彼らは、30年以上も世界中の親の文化的信念と育児のやり方について調査をしていた。彼らと電話で話を始めてすぐに、私たちはかつての教え子とお気に入りの教授のように打ちとけて話すことができた。

1996年に彼らは自分たちの調査結果を『Parents' Cultural Belief Systems: Their Origins, Expressions and Consequences（未訳：親の文化的信念システム）』という本にまとめて出版した。そこには「どの社会でも、親は本能的に子どもの正しい育て方を自分で知っていると感じている」と紹介されている。

親の文化的信念とは、日常の生活の中に見られる考え方だ。私たちの中にすでに深く根ざしており、親としての無意識の選択であり、子どもの行動にも影響する。

今どきの親は、子どもをいかに育てるかでその子どもの将来が決まるという凝り固まった信念がある。だからエイミー・チュアの『タイガー・マザー』（朝日出版社・

2011年）や、パメラ・ドラッカーマンの『フランスの子どもは夜泣きをしない』（集英社・2014年）や、ハーヴェイ・カープの『赤ちゃんがピタリ泣き止む魔法のスイッチ』（講談社・2003年）のような本がベストセラーになる。

調査をするにあたり、この2人の教授は、オランダという国が赤ちゃんや未就学児に関して分析をするのにはうってつけの国であると思っていたようだ。

「アメリカ人と比べると、オランダ人は赤ちゃんを規則正しい生活スケジュールの中で、穏やかにリラックスさせ落ち着かせることに重きを置いているようね。子どもは規則正しい生活スケジュールを持っていないとすぐぐずるので、子どもには規則正しさが必要だとみんな口を揃えて言っているわ。オランダのお母さんは、この点にとても敏感なのよ」と、ハルクネス教授が意見を述べた。

アメリカとオランダの子育て方法の違いについて詳しく知るのにハルクネス教授の調査はとても参考になった。アメリカに比べて、オランダの生後6か月の赤ちゃんは、平均2時間長く睡眠を取る。つまりこれを1日睡眠で計算すると、アメリカが13時間なのに対してオランダでは15時間となる。私はラッキーなことに、ここオランダで、2時間貴重な睡眠を取れているのだ！

だから、アメリカ人やイギリス人が抱えるどこにでもあるような親子の「睡眠バトル」はオランダにはない。言い換えれば、オランダの親は睡眠不足で悩まされることがないのだ。これは驚きだった。私の国では「自称子育てのエキスパート」や「眠れなくて困っている親を助ける睡眠の第一人者」などという人による10億ドル規模の産業が存在する。

それに引き換えオランダ人はいったいどんなことをしているのだろう？　赤ちゃんを寝かせる秘訣は何なのだろうか？

オランダ流子育てのポイント「3つのR」

「オランダ人の子育て文化を一言で表した『Rust, Regelmaat en Reinheid（リラックス、規則正しさ、清潔さ）』という慣用句があるの。オランダでは『3つのR』と呼ばれてよく知られているのよ」と、ハルクネス教授は言った。

「3つのR」は、オランダの赤ちゃんを幸せで、スキンシップが上手で、なだめやすい子どもに育てるだけでなく、結果的に親なら誰もがほしい「じゅうぶんな睡眠」をもたらしてくれると考えられている。

「オランダの赤ちゃんは日中の『安眠時間』で2時間多く寝るということを頭に入れておいてください。それはちょうど、成長した子どもや大人でいうところの、レム睡眠からノンレム睡眠に変わっていく段階と同じです。このときに人間の成長ホルモンが分泌されるのです。もちろん身長に影響するいくつかのほかの要因はあります。でも、オランダ人が世界でもっとも背の高い国民だということは興味深いと思いませんか？」と、スパー教授は言った。

「あなた方は、自分の子育てにオランダ流を取り入れましたか？」と、私は勇気を奮い起こして彼らに聞いた。

「生活のすべてを考えると、私はオランダ人というよりもむしろアメリカ人といえるでしょうね」と、ハルクネス教授は答えた。私は少し驚いて「なぜですか？」と、聞いた。

「私たちがオランダで調査を行ったとき、より正確な調査にするためにより多くのデータを集める必要があったの。そこで研究助手全員にもう一家族分の調査をできないかと協力をお願いしました。でも1人また1人と断ってきたんです。これに協力してもらわないとこのプロジェクトが失敗するかもしれないのに、そんな危機感は彼女たちにはなく、研究のために自分たちの時間を使おうと思う人は誰1人いなかったのです」

ハルクネス教授は、当時味わったであろう失望の念を思い出すように言った。

「アメリカだったら、自分たちが職を失うことを恐れて、こんな事態は絶対に起こらないでしょうね。でももっと根本的に言いたいことは、目標に到達するため一層の努力をすることがそれまで当然のことと思っていたけれど、それは実はアメリカ人的な価値観だったということ。私にとってそれは人生を刺激的で充実したものにしてくれる大事なことだったのだけれど……」

彼女の話を聞いていて、私は笑わないようにするのに苦労した。たしかにオランダ人にとって仕事とは生活のために必要なものにすぎず、ワークライフ・バランスを何よりも大事にする。一方、アメリカやイギリスのほとんどの教授たちは仕事をするために生きており、自分の取り組んでいることを成功へ導くため、必要であれば、昼夜問わず24時間働きつづけることもできるのだ。

一生懸命働くこと、あるいは少なくともその姿勢をアピールすることがとても大事なのである。だからアメリカやイギリスの女性教授がお母さんになると、今度はこの一生懸命さを子育てにあてはめようとするので、どうしたら自分が母親らしい母親になれるのかいつも格闘してしまうのだと、ハルクネス教授は認めた。

「彼女たちは行き過ぎた子育てや母親業を極端に押しつけられている気がします。子育てや母親業だけに時間を取られ、自分自身の時間あるいは子育て以外のことをする時間さえ持てないなどというのは現実的に続けられることではないし、子どもが多ければなおさら無理な話ですよ」と、ハルクネス教授は言った。

ハルクネス教授はまるで私のことを言っているようだと思った。長男の子育てのときには、私は何でもやりすぎる独善的子育てママだったからだ。何日もシャワーを浴びないこともあったし、長男が6か月になるまではアパートから外出することさえなかった。

いつも泣かせないよう努力していたので、夜中でもお腹が空けばミルクをあげたし、寝ないで世話もした。私は、長男のほしがることに何でも理解を示していたので、彼が泣くことは全然なかった。当時はほとんど気が狂いそうになっていたが、でもそれこそが良いお母さんになるための勲章だと思っていた。

「もう1つ質問させて下さい。オランダの調査で、赤ちゃんが大泣きする経験はありましたか？　それは頻繁にありましたか？　オランダ人はどうやって赤ちゃんを寝かせるのでしょうか？」と、私は聞いた。

「いくつかの特別なケースを除いて、大泣きする赤ちゃんには遭遇しなかったわね。オランダ人がしていることは、しっかりと日常の生活スケジュールを守っているということ。そうすることで赤ちゃんは自然とぐっすりと眠れるみたい。オランダの赤ちゃんは、私たちが調査した中で一番よく寝る赤ちゃんだった」と、ハルクネス教授は当時を思い出しながら言った。

オランダ人ママ直伝！　10分メソッド

オランダ人の子育て哲学である「3つのR」というのは、1905年に地域看護師によって書かれた『Reinheid, rust en regelmaat』（ラインハイト ルスト エン レイホマート）という本がベースになっているのだとわかった。穏やかでリラックスしたオランダ人の子育てアプローチを説明しているこの本のサブタイトルは、こう絶妙にまとめられている。

「お母さんがいかに手間をかけずに子どもを育てることができるかをシンプルにまとめた手引書」

この本では、赤ちゃんを持つこと自体は大変なことではないが、親自身がそれを手間のかかる大変なものにしている、と述べられている。私はドールンの病院で知り合った小児科医のマーク・フッチエ先生にこの本の解説についてアドバイスを求めた。

「まず『Reinheid（ラインハイト）』とはオランダ語で『清潔さ』という意味です。ですが、そんなに深い意味はなく、アメリカ人やドイツ人が言う不衛生や細菌感染を心配する感覚ではありません。『Rust（ルスト）』と『Regelmaat（レイホマート）』は、赤ちゃんにミルクをあげるときは、何かの合間にあげるのではなく最優先にしなければいけないということです。最初に何よりも肝心なこと、それは赤ちゃんにミルクをあげることです。母乳であれ粉ミルクであれ、赤ちゃんを急かしてミルクを飲ませることは良くないことですよ」と、フッチエ先生は説明した。

「『Rust（ルスト）』の考え方で良い例があります。たとえばあなたが仕事をしていたとします。朝8時に出勤しなければならないのに赤ちゃんが熱を出して5時に起きたとする。赤ちゃんを含めみんながイライラしますよね。でももしあなたが病欠をとって、その事態を受け入れ、その流れに身を任せることができれば、赤ちゃんはとても落ち着くでしょう。ただ赤ちゃんを抱き上げ、一緒にベッドへ入って、赤ちゃんの熱が下がるまで一緒にリラックスしてあげればいいのです。お母さんがイライラしていると、それは子どもに不安を感じさせ、事態を悪化させてしまうのです」と、フッチエ先生は加えた。

「では睡眠についてお聞きします。私はいつになったらじゅうぶんに睡眠を取ることができるのでしょう?」と、私はついに切り出した。

「オランダ人も含め、誰もが赤ちゃんの声で起きるんですよ。でも大事なことは、その後また眠りに戻れるかどうかということです。眠りを妨げられない夜が来るのは、もしかすると3か月後かもしれない、1年、いや2年後かもしれない」と、フッチエ先生は言いながら肩をすくめた。

「赤ちゃんが夜中ずっと寝るように、どうやって教えればいいですか? それともそれは赤ちゃんが自分でわかるようになるものなのですか?」と、私はさらに迫った。

「それはなるようにしかなりません。赤ちゃんにそれを教えることが、赤ちゃんにストレスを感じさせてしまうので上手くはいかないでしょう。赤ちゃんのところへ行って『寝てちょうだい、寝てちょうだい、どうかお願いだから寝てちょうだい』と嘆願してもそれは上手くいきません。たまには赤ちゃんが泣いているのをそのまま放っておくことも大事なんですよ」と、フッチエ先生は答えた。フッチエ先生のこのアドバイスに私はうに思う。

深く頷くしかなかった。

たしかに、2人目の赤ちゃんは、1人目よりもっとリラックスして育てられているよ

マテオは夜中に1、2度起きることはあったが、まだ4か月なのでそれは想定内のことだった。マテオはミルクを飲むために起きるが、またそのまま寝入ってしまう。長男のときのように、私が夜中に何時間もあやす時間もエネルギーもないということをまるできちんとわかっているようだった。

「アメリカ人の誰もが抱えている睡眠問題について、はじめて親になるオランダ人はあまり悩んでいないようだと調査書にありました。経験上、先生もそう思われますか？」と、私は聞いた。フッチエ先生は「何か月も赤ちゃんが夜中に寝なかった場合、調査するために赤ちゃんを病院へ入院させることがあります。でもたいてい、赤ちゃんは病院でそのまますぐに寝入ってしまうんです」と答えた。「えっ、本当ですか？」私にはこの話があまりにも上手くできすぎているように思えて疑ってしまった。

「厳密には10回中6回はそのまま寝入るといった方がいいかな。それはなぜかというと、お母さんが赤ちゃんの部屋に一緒にいないからです。赤ちゃんが泣き出したらどうするか。そのときは看護師が来て『聞いてちょうだい、私はほかに4人の患者さんを抱えているのよ』と、赤ちゃんに説明する。声に出しては言わないかもしれないけれど『ここ

に話し合いの余地はない、看護師はほかにすることがあるからここに一緒にいられないのだ』と赤ちゃんに理解させるのですよ」と彼は少し話に間をおいて、指しゃぶりに忙しいマテオを見て笑った。

「ある実験をしたことがあります。それは、一部の小児科医と児童心理学者が勧めている方法で、10分メソッドと呼ばれているものです。この10分メソッドは、もし赤ちゃんが夜泣き出したら様子を見に行っても赤ちゃんはそのままベッドに寝かせたままにするものです。そうして『大丈夫よ、ママはここにいるからね。でも寝ないとダメよ』と話しかけ、その場を立ち去ります。もしまた赤ちゃんが泣いたら戻って同じことをする。これを赤ちゃんが寝入るまで何度も何度も繰り返すのです。こうすることで、その場には親との話し合いの余地がないことを赤ちゃんはちゃんと学ぶのです」

友だちのロースが赤ちゃんを夜寝かせるときにしていたそのメソッドについて、フッチエ先生もまた詳しく説明してくれたのだ。

よく眠るようになった次男

私はこれまで集めてきたすべてのアドバイスを参考に、次男のマテオにリラックスすることと規則性を定着させるため、全力を尽くした。「規則性」とは、できる限り毎日の生活をパターン化すること。「リラックス」とは、日中2回の昼寝をさせ、毎晩7時にベッドに寝かせること。そう自分なりに解釈して実行したところ、とても簡単に上手くいった。

値段の高い睡眠プロのコンサルティングを雇ったり、何千冊もの睡眠ガイドを読んで調べる必要がもうなくなった。マテオは、乳歯が生えはじめたころに、夜中にたまに泣くことはあったが、私たちはみなじゅうぶんに睡眠を取ることができた。

オランダ流子育ての秘密をほかに挙げるとすれば、まず神経質にならないこと、そして直面する問題や挫折をすべて受け入れる柔軟な姿勢を持つことだろうか。

誰かに急かされてお母さんになれるものではないし、多くのしがらみに縛られすぎることもない。子育てでは、いつも失敗ばかりしていることを何ら恥じることはないのだ。

最後に紹介する睡眠に関するアドバイスは、デンマーク発の「赤ちゃんを日中に外で寝かせる」方法だ。いくつかのオランダの保育所でも、冬でも赤ちゃんが外で眠れるように特別に外に取り付けられたベビーベッドを見かける。

最初のころは、外で寝かせるなんて赤ちゃんが寒くはないのか、風邪を引かないか、何か問題が起きるのではないか？　と心配した。でもマテオがベビーカーに入ってしばらくするとすぐに寝入ってしまう姿を見て、ある日ふと思った、日中の散歩の後、べビーカーの中で寝入った赤ちゃんをそのまま庭に置いておくことと何ら変わりはないのではないかと。

暖かいスノースーツとベビーカー用寝袋に包まれると安心できるのか、マテオはベビーカーの中で寝ることが大好きでそのまま2、3時間外で眠ってしまう。ときには起こさないといけないくらい熟睡している。その間に私は、誰に邪魔されることもなく、自分だけの貴重な時間を持つことができるのだ。

上手くいかなくてもめげないで！ by Michele

私は赤ちゃんに触れたことがなかった。ベンがあまりにも小さかったので、浴槽に落としてしまうのではないか、溺れるのではないかと気が気でなかったから、助産師がどうやってお風呂に入れるのか教えてくれてラッキーだった。オムツの替え方も教えてくれた。なるべく心の安らぎと規則性が保てるように生活スケジュールを管理し、育児日記をつけるようアドバイスもされた。私は新米ママらしくとても根気強くそれを続け、まだ手元に持っている。そこには彼の成長に伴い、ミルクと寝る回数が記録され、すべてがスケジュール通りに管理されていた。

問題だったことの1つは、ベンは母乳を飲むのがとてもゆっくりで、片方のおっぱいからミルクを飲むのに1時間もかかるということだった。彼がおっぱいの上でウトウト寝そうになったらくすぐって起こすといいわよ、と義理の母が言った。母乳育児センターからの次のアドバイスもとても助かった。

- 赤ちゃんの求めに応じ間食する習慣をつけさせないこと
- 乳首をおしゃぶり代わりにさせないこと
- 徐々にミルクをあげる間隔をあけていくこと。そうすれば赤ちゃんは毎回お腹いっぱいミルクを飲むようになる

不規則に間食させるのは子どもの成長にとっても良くない。オランダでは学校へ行くようになると、朝食・最初の間食・昼食、その後は早い夕食まで何も食べないというスケジュールが普通だ。そのため、オランダでは肥満の割合が少ない。

ベンが固形食を食べはじめるようになれば、夜ずっと寝るようになるでしょうと言われていたがそれは本当だった。ただ1つ大変だったことは、夜、彼を寝かしつけることだった。誰が教えてくれたかは覚えていないが、しばらくの間、彼を泣かせたままにしておく方法を試した。

最初は1分、彼の部屋の前に立ち、それから中へ入って安心させる。その後2分、5

分と間隔を空け、定期的に部屋の中へ入る。でも決して彼をベッドから抱き上げないことが大事。これを4晩続けると、自分で寝るようになった。

私の夫は子どもをスケジュールに従って規則正しく生活させることを重視し、今でも厳格にそれを続けている。子どもは親の事情に振り回されるべきではなく、いつも決まったリズムの中で生活をすると、穏やかで落ち着く子どもになるとオランダ人は思っているようだ。

しかし、2番目の赤ちゃんである長女のイナの子育てはまったく別だった。彼女はきっかり5分でミルクを飲み干し、最初の6週間から6か月の間は夜通しよく寝ていた。2番目の子どものときにありがちなように、慌ただしくて彼女の育児日記をつけていなかったが、彼女の場合はその後が大変だった。固形食に移りはじめてから、食べ物が逆流することもあって、寝なくなってしまったのだ。私たちは彼女を生活スケジュールに従って育てようとしたが上手くいかなかった。

彼女が大きくなったとき、決まったリズムで生活を送ったことに感謝してくれるに違いないと思い、規則正しく食べ、同じ時間に寝ることが重要だと言い聞かせ実行しつづけた。しかし、8歳になった今でもイナはすんなり眠る子ではない。

Column

小児保健センターのガイドに教えてもらったこと

1 規則正しい日々の生活

赤ちゃんは日々の生活の流れがわかるとあまり泣かなくなります。寝る、起きる、ミルクを飲む、あやす、そして「話しかける」。規則正しい生活の中で赤ちゃんは安心するでしょう。

2 赤ちゃんが疲れているのに寝ないときは、ただベッドに置いておく

赤ちゃんが自分で寝るようになると、必要なだけ寝て、気分をスッキリさせてから起きるでしょう。寝るときにいつも手のかかる赤ちゃんは、音がする度に目を覚ましたり、寝ている間もよく体を動かします。そんなとき、赤ちゃんがまた寝入るまでの5~20分間、ぐずって泣いているだけなのか何か問題があって泣いているのかしばらく様子を見てください。

3　ありきたりな普通のこと、でも大事なこと

赤ちゃんは、ベビーカー、ゆりかご、ベビーベッド、お父さんやお母さんの腕の中や抱っこ紐のような静かな場所で寝ることが大事です。とくに自分のベビーベッドで寝ることを学ぶのは重要なことです。

4　気が散るようなものは避ける

毎日テレビやラジオをつけたままにしておかないでください。3か月よりも小さい赤ちゃんを長時間ベビージムの下に放置したり、テレビの前に置かないでください。そして赤ちゃんの睡眠を妨げる時間帯の訪問客を控えることも必要です。

5　赤ちゃんを安心させる

赤ちゃんが静かな環境で安心して寝起きできるか確認してください。外出するのは1日1回にしましょう。

6　きちんと布団をかけてベッドに寝かせる

赤ちゃんは手足を動かないようにしておくとよく眠ることがあります。

ベッドの足元から肩までちゃんと掛け布団がかかるようにベッドの用意をしましょう。

4・オランダ人は先取り教育をしない

読み書きの勉強は何歳から？ by Rina

ブロンドの子どもたちに混じって1人、3歳になる黒髪の子がいる。本でいっぱいの棚や箱、工作画材、積み木、粘土、ブロック、おままごと用の台所やお店、ドレス掛けのあるカラフルな教室の中で、その黒髪の子どもは、自分が何をしたらいいかわからず困っているように見える。そして、音楽に合わせた保育士の手の動きを、ほかのみんなが夢中で真似しようとしているのに、その子だけは何かほかにやりたいことがあったのか、それとも保育士のすることに飽きてしまったのか、自分で好きなように床を転がり回っている。

少し離れたところに、顔をガラスに押しつけて遊んでいる子がもう1人いる。その子は赤いジャングルジムや砂場やおままごと用の小さな家がある落ち葉に覆われた運動場の方に興味があるようだった。保育士は、その2人にはしたいようにさせて、ほかの子どもたちと音楽を続けていた。

これは、長男ユリウスが週4回通う（毎週、異なる曜日の朝2回と昼2回、毎回3時間半のクラス）保育園での様子を記録したビデオに映っていた光景だ。この保育園では最大16人の子どもにつき、2人の保育士が担当する。

ユリウスはとても内気で言葉数の少ない性格なので、知らない人や大きなグループの中ではほとんど話をしようとしない。そのため遊びながらオランダ語力をつける特別指導をしてもらっていた。この保育園にいるのはたった数時間だが、短い時間の中でユリウスが外の世界に興味を持ち、社交性を磨ける便利で安全なすばらしい場所だった。ユリウスがその保育園にいる間、私は次男のマテオのためだけに時間を取ることができた。

保育園の一般的な1日の流れは、こんな感じだ。

- まず親が子どもを保育園へ連れて行き、しばらく子どもと一緒に本を読んだりパズルをしたりして、子どもにそこは楽しい場所だと感じてもらう
- 最初の「サークルタイム」。保育士と子どもが朝の挨拶をし、その日にする工作の説明がある
- 子どもが自由に遊んだり工作をしたりする
- 2回目の「サークルタイム」。一緒に音楽を聴いたり、お遊戯をしたりする
- 親が迎えに来るまで子どもたちが自由に遊ぶ

お気づきかもしれないが、この保育園生活の流れの中には言葉や数字を教えるようなことは入っていない。保育園（playschool）とは、まさに文字通り遊ぶ（play）ところで、子どもがよく遊び、ほかの子どもと交流し、心から楽しむことに重きが置かれている。

このビデオを見たとき、何だかおかしくて笑い出したくなる一方で、クラスに溶け込もうとせず、自分の好きなことを勝手にしている息子を見て、泣きたいような気分にもなり、何と言っていいか複雑な気持ちだった。クールで何事にも動揺しないオランダのママらしく、冷静な態度でいようと思ったが「これで本当に大丈夫なの？」という声が何度も頭の中で鳴り止まなかった。

勉強だけが子どもの人生を決めるの？

ある晩、ベッドに横になりながら、夫のブラムとこのビデオを観て、「ユリウスは本当にこのままでいいのかしら？」と、私の不安な気持ちを打ち明けた。

「ユリウスにとってこの保育園が本当にいいのかどうかわからないわ。だって言葉も数字も何も学んでこないのだもの。彼はほかの子どもよりも遅れを取っていると思わない？」と、私は続けて聞いた。

アメリカへ移住した私の親から唯一学んだことといえば「教育はすべて」ということだった。すばらしい学校へ行くことが、より良い生活への唯一の道であると、毎日念仏のように唱えられた。勉強だけが勝つか負けるかの戦場で生き残るためのサバイバル方法であった。

「早起きは三文の得」ということわざがあるとおり、できるだけ早いうちに学びはじめることは、人より多くのことを学べるということなのだ。

アメリカの友だちは「セサミストリートで、4か月の子がバンボに座っているところが映った」とか「生後8か月でパズルを1人で完成させた」とか「1歳でiPadの教育ゲームで遊んでいる」など、自分の子どもがいかにすごいかをSNSに誇らしげに書き込んでいる。つまり、自分たちの子どもが将来のために有利なスタートを切る準備をしていることを意味している。

先取り教育は必要ない？

これらの例にもれず、私も世間でよく言われる「タイガーマザー」だったと言える。ジョン・メディナによる『Brain Rules for Baby（未訳：赤ちゃんのための脳のルール）（2010年）』のような本を読み、息子が生まれてからすぐにでも読みはじめられるようにと何百冊という本を買い込み、赤ちゃんのおもちゃは有毒なペンキの塗っていない木製のものにこだわるというように、長男が生まれる前からありとあらゆる準備をしていた。しかし4歳になった我が子は、今でも読み書き計算はおろか、話すこともままならない。

「そんなに心配することないよ、この時期に読み書きできないことなんてよくあることだと思うよ。僕はオランダ教育システムの中で育ってきたけれど、それが間違っていたなんてまったく思わないよ」と、夫のブラムは私を安心させるように言った。

たしかに彼は正しい。幼いころに親や学校が勉強させせなくても、夫はきちんとした教育を受け、大学院まで出ているのだから。

アメリカやイギリスでは、親には目に見えないプレッシャーがある。そうすることが子どものためになると信じて、本当に幼いうちから勉強させようとするのだ。それゆえイギリスやアメリカの幼稚園やプリスクールでの勉強へのプレッシャーは、まるで小学校並みだ。

『Is Kindergarten the New First Grade?（未訳：幼稚園は果たして勉強を始めるところか?）』というタイトルの調査書では、1998年と2010年のアメリカの幼稚園の比較をしている。その調査書によると、2010年の幼稚園の先生の方が、子どもに対してより高い教育水準を求めており、読み書きや計算の勉強により多くの時間を割いているという結論が出た。このことは、子どもたちにとって、残念な結果を招くかもしれない。というのも、そのせいで芸術や音楽、子どもの自主性に任せて遊ばせる時間が減っていることが示唆されるからだ。

一方、オランダや北欧の国々では様子が違っている。

夫と6歳の子どもと一緒にサンフランシスコに移り住み、子ども向けの本の執筆とイラストレーターとして活躍しているオランダ人の友だちがいる。

「サンフランシスコでは、私たちは外国人として住んでいるけれど、アメリカ人の親がオランダ人の親といかに違うか、毎日心が吹っ飛ばされるほど驚かされるわ。アメリカ人の親は、幼いうちから子どもは読み書きを学び、数字を認識するのがあたりまえで、そうしないと、学校に入ってから子どもが困ると信じて、幼いころから読ませることにこだわっているの。

どこかでこんなこと読んだわ。アメリカとヨーロッパの大きな違いの1つは、ヨーロッパの親は子どもが幸せでいること、そして子どもが心地良いと思える場所を探してあげることを一番大事に考えている。その一方でアメリカの親は、子どもを人生においていかに成功させられるかということを一番に考えているようだわ」と、マリアは言った。そして続けて、

「もし子どもの成功を第一に考えているのであれば、子どもをなるべく良い学校へ行かせようとするのは当然のことでしょうね。でもそんな考え方だと、子どもを入学難度の高い私立のプリスクールへ行かせられなかったらどうしようかと、恐怖心と罪悪感をいっぱい感じて生きていくことになるかもしれない。でも私は、そんなこと何も心配していないの。だって、子どもが愛情を感じて幸せで元気いっぱいであればそれでいいから。今はこうしてアメリカの教育事情を傍観しているけれど、私自身はオランダで育ち、地に足のついた親でいられて本当に良かったと思っているわ。そのおかげで親同士のいろんな競争ごとに巻き込まれないで済むしね」と言った。

学ぶ準備ができているかどうか見極める

もう1人の友だちオティリエも、サンフランシスコに住むオランダ人ママだ。

「オランダに同じくらいの歳の子どもを持つ親戚がいるので、よく連絡を取っているの。だからこうした教育事情についてよく話すわ。最初にわかったことは、サンフランシスコの子どもは幼いときから勉強を始めるから、読んだり計算することもずいぶん早くからできるということ。でも小学校2年生くらいになると、先生がどの子も同じくらいのレベルまで上げようと教えるので、小さいときから勉強を始めていた子どももだんだん行き詰まってくるみたい。

私は、幼い子どもにはそんなに早い時期から読み書きを学習する準備がまだできていないのだと思うの。オランダの子どもはもっと大きくなってからゆっくりと学ぶけれど、小学校2年生くらいまでには誰でも読んだり計算したりできるようになっているわ。オランダの子どもは幼い大事な時期に、自由に遊ぶ時間があるから、脳も自然にゆっくりと時間をかけて成長していくのだと思う。息子がこんなに小さなうちから長時間おとなしく座らされ、集中しなければいけないなんてかわいそうだと感じるわ」

オティリエはさらに続けた。

「私の子どもは2人とも、文字が読めるようになったのは7歳になってからとほかの子に比べて遅かったの。子どもが6歳のとき、アメリカの学校からは、読むための特別指導が必要だと注意されたけれど、私は断ったわ。だって、5、6歳の子どもがまだ読めないなんてあたりまえのことだと思ったから。それで、少し様子を見てみたかったの。子どもが7歳になったとき、2人とも問題なく読みはじめるようになったわ。それからはとっても熱心に本を読んで、読み書きの能力は、クラスでもトップに入るようになったのよ。もし子どもたちが学校の言う特別指導を受けていたら、この成長ぶりはその指導プログラムのおかげだなんて言われていたのでしょうね。でも私は、失読症や学習障害などの特別な事情がないかぎり、子どもは読むことを学ぶ準備ができたときにそれをすればいいと思っているのよ」

私は、彼女に拍手したい気持ちだった。オティリエは、幼児英才教育をすることがあたりまえという雰囲気のサンフランシスコに住みながら、きちんと物事を割り切って考える分別を持ち、地に足のついた母親だったからだ。

オランダのママ友が教えてくれた「学びの意味」

オランダ流子育てについてもっと知りたいと思った私は、一生懸命ママ友をつくった。

ある日、長男のユリウスと同じプリスクールに通う2歳の男の子、ハイムのママであるイエットとお茶の約束をした。

彼女の家族は11年間駐在員として海外に滞在し、最近オランダへ戻ってきたばかりだという。私たちはオランダで人気のある「HEMA（ヘイマ）」というスーパーにあるカフェで待ち合わせをした。

「どうしてこんなに小さいうちにABCを教える必要があるの？　どうして好きなように遊ばせないの？」と、イエットが私に聞いてきた。

「ほかの子どもと一緒に遊ぶことはたしかに大事なことだけど、でも、ただそれだけなのよ。もし子どもに幼いときから勉強させていれば、それは子どもの将来の助けになるわ」と、私は答えた。

それに対して、イエットはこう言った。

「小学校は大変な世界よ。子どもが誕生日会を開くことがあるけれど、クラスの友だち全員を招待することなんてできないでしょ。そうすると招待されなかった子どものママの中には、自分の子どもがクラスで人気がないんだと嘆くこともあるみたい。保育園ではね、子どもたちに、友だちをどうやってつくるのか、どうやって順番を待つのか、どんなふうに人に優しく接して一緒に遊ぶのか。そういう社交性を磨くことが幼児期には何より重要だということをきちんとわかっているんだと思う」

「でも、実際の勉強については?」と、私が尋ねると「実際の勉強ってどういう意味?保育園で子どもが輪になって座っているとき、何をしているのか知ってる?」と彼女は質問を返してきた。

「私が見学させてもらったときには、天気について学んでいたわ。先生が『ハイム、今日はどんなお天気かお話ししてくれる?』と、聞いていたの。そして『青い空と太陽の絵』と『雨の降っている雨雲の絵』と『風が渦巻く曇り空の絵』という3枚の違う絵を見せながら、ハイムに窓の外を見てどの絵が今日の天気と同じか尋ねたわ。するとハイムは自分で窓の外の青空を確認して正しい絵を指差したの。私はそういうことだって勉強の1つだと思うわ」

平凡な子どもを育てたい by Michele

できるだけ早い時期に、子どもの持っている可能性を絞り出そうとすることが良いことだと私は決して思わない。でもどうして親はそんなに慌ててしまうのだろう?

英語圏の親は、その年齢の赤ちゃんや子どもがこうするべきという指標と比較して、競争をあおられているように思う。それに引き換え、ここオランダでは子どもが幼いときから読み書きができるかどうかということを重要視していない。それどころか、実際にはそうした類の話をすること自体を拒否しているようにも思える。

オランダ人の友だちが「オランダ人は、自分がどれだけすごいことを成し遂げたかなんて気にしない」と言った。このことの重要性は、私のような外国人にとっては見逃してしまう点だと思う。

たしかにオランダでは、自分ができるだけ中間のほどほどのところにいて、自己顕示欲を抑える文化がある。だから、オランダにはママ同士の争いがなく、子どもの才能に目を向けることに熱心な人もいないことにも納得がいく。

長女のイナは、3歳のときには内気で親にべったりの子どもだった。でも、自然と「ママ」「パパ」「イナ」「ベン」というような言葉を書くことができるようになり、あちこちに書きなぐった。

3歳児検診のとき、待合室で待っている間も、彼女は楽しそうに自分の知っている文字をカードに書くことに夢中になっていた。しかしその検診では、書けることを話題にもせず、淡々とイナの体重と身長を測り、3つの積み木が上手く積み重ねられるかの発育状況を検査をしただけだった。

学習することに対して、イナがやりたいと言えば私は手伝ったが、勉強するように推し進めたことは一度もなかった。彼女が4歳の誕生日のちょっと前に幼稚園へ行きはじめると、担任の先生は、イナが勉強したいと思っていることにすぐに気がついてくれて、学習ワークシートを特別に用意してくれた。だからイナは、文字や計算の練習を自分ですることができた。そのころのイナは、算数にとても興味を持っていたので、ベッドに寝転びながら九九を暗唱していることもあった。

そんなふうに、イナは同じクラスのほかの子どもよりも、一歩進んだ勉強を続け、翌年には本格的に勉強を教えるグループ3（日本の小学校1年生）へ飛び級した。

才能ある子どもがいた場合、一般的なオランダの教育方針では、その学力に合わせて飛び級で上のクラスへ送り込むよりも、その子どもの持つ知識をより深く幅広くさせるため、特別な教材を使って子どもの能力を伸ばそうとする。

イナの場合は、飛び級した後も、そのクラスでの授業の内容が簡単すぎて飽きてきたので、もう1つ上のクラスへ飛び級することになった。

しかし、ほかのオランダの親や先生たちと同じく、私たちも社交性が学業よりも重要だと思っている。だから、イナが11歳になったら、GCSE（一般中等教育修了試験）を受けるような賢い子どもであるより、友だちと仲良くできる子になってほしいと学校の先生に相談した。

その結果、今のところ小学校の最高学年にもう1年イナを在籍させる予定だ。そうすれば、彼女は10歳で中学校へ行く必要がなくなる。

保育士が子どもたちに与えてくれたもの　by Rina

ユリウスの読み書きの能力について、もう心配したくないと思った私は、ある朝、保育士たちに相談することにした。

保育士のアンナ、デインゲナ、イルマはみな60代くらいの女性で、とても親しみやすく、いかにも子どもが好きなおばあちゃんという雰囲気の人たちだった。

彼女たちはプロフェッショナルで、一度に複数の仕事をこなすことができる。だから、その日に使う工作活動の準備をしながらも、私の質問に答えてくれた。

子どもへの学習指導が足りないと心配する親は、どうやら私だけではないらしい。たしかに過剰なまでに幼児英才教育をしたがる傾向は、オランダのこの界隈にも忍び寄ってきている。

自分の子どもがまだ文字を読めないので、小学校へ入ってから落ちこぼれになるのではないかと心配している親もいると保育士たちは言った。しかし彼女たちは、子どもたちには学習指導をするよりも、遊ぶことが大事であることを繰り返し親に話し、安心させてきたという。

3人合わせて計80年もの保育経験のあるこの先生たちは、早期の幼児教育についても実験的に、また熱心に取り組みつづけてきた。だからこそ、私のような心配性の親を安心させることには慣れているようだ。

「保育園の役割は、子どもが自分の力で、そして自分のペースで成長していく機会を提供することなんですよ」と、アンナ先生は言った。「そのために私たちは、教室の中にも校庭にも、子どもが自分で選べるようにいろいろな種類の遊び道具を用意しているんです。そして、いろいろな声掛けをして、子どもが自分で何かを見つけるよう促し、子どもたちのペースに合わせて会話をするようにもしています」

きれいに並べられたすてきなおもちゃ、本、工作材料を見れば、保育士たちがどれほど子どもの好奇心を呼び覚まし、想像の世界に飛び込む用意を入念にしてくれているかがよくわかる。私でさえ、そのおもしろそうなおもちゃ箱に触れずにいることが難しいほど、楽しそうなものが保育園には揃っている。

言葉の遅さにもう悩まないで！

広々としたその教室では、保育士と子どもたちがよく話をし、子どもたちもお互いのことを知ることができる。ここではそうやって2年間育ててもらうのだ。

「子どもが友だちと仲良くなる方法を学んでほしいと思っているの」と、イルマ先生は言う。

「ここでは、子ども同士で遊ばせるようにしています。そうすれば、物の貸し借りの方法、我慢すること、人を信頼することといった社交性を自分で学ぶことができると思っているのです。一緒に本の読み聞かせをしたり、歌を歌ったり、クラス全員で何かをつくったりしてグループ活動にも活発に取り組んでいますよ」

続けて、ディングナ先生もこう言った。

「親御さんがいらっしゃって、自分の子どもには何かもっとチャレンジさせるべきではないのかと心配してきたときにはこう言っています。『子どもがアルファベットを暗唱したり、100まで数えることができたり、色の名前を全部言えることはすごいと思いますよ。でもそれは猿芸をしているのと同じで、本当に学んでいるということではないのですよ』と」

オランダに何年住んでも、こうした鋭いオランダ人の物の言い方にはときどきハッとさせられる。「すっきりした」というのがちょうどいい表現かもしれない。ディングナ先生が3歳の息子のすることを猿芸と呼んだわけではないことはわかっている。ただ子どもを遊ばせることは、言葉や数字を教えることよりもずっと大事だと強調したかっただけなのだ。

「実は昨日クラスである子どもが泣いていました。その子にはちょうど兄弟が生まれたばかりだったのです。だから、その子どもの気持ちに耳を傾け、その子の感じる新しい感情について話しながら一緒に時間を過ごしました」と、アンナ先生が教えてくれた。
「私たちはそういうときのためにいるのです。子どもに自分の感情をどうやって表現するのかを教え、自分自身を見つけるためのお手伝いをしているのです。そうしたことはいわゆる勉強という学びではないかもしれませんが、人として成長すること、自分の気持ちをきちんと口に出して言えるようにすること、ほかの友だちと上手くやっていく方法を学ぶことなのです」

オランダ人の良いところは、大人が子どもに対してきちんと話をすることだと思う。赤ちゃんが片言を話すようになったらすぐに、大人は子どもに対してきちんと応答し、子どもにも応答するようにさせている。その光景を見れば、なぜオランダ人の子どもがハキハキと話をし、自分に自信を持った子どもになるのか納得いく。

私は自転車で家に戻りながら、オランダの子どもたちのようにすばらしく育ってくれるのであれば、自分の子どもに読み書きの勉強をさせることにそこまでこだわる必要はないのかもしれないと思うようになっていた。

5・なぜオランダには受験競争がないのか

オランダの学校は何を評価するのか by Michele

子育て中に選択しなくてはいけないことはたくさんある。中でも学校選びは最重要事項の1つだろう。

ロンドンに住む私の友人はこう言っている。パーティーなどで人が集まれば、私立と公立のどちらがいいか、どの学校にするのが正しいかと親たちがひっきりなしに話をしている。まるで強迫観念に囚われているようだと。

イギリス人やアメリカ人にとって教育とは、将来成功するための大事な扉なのだ。もし子どもが良い保育園へ入園できなければ、それだけ将来は明るいと信じている。もし子どもが良い保育園へ入園できなければ、良い小学校へは行けない。金銭的に余裕があれば、良いプレスクールへ行かせる。そうやって、とにかく良い小学校に行かせ、良い中学校へ進学することがとても重要なのだ。

そして、中学校へ行けば良い成績を取り、一流大学へ行くことがあたりまえのように思われている。これはアメリカでも同様で「優秀な成績＝一流大学」あるいは「優秀スポーツ選手＝一流大学に奨学金で入学する、またはプロスポーツ選手として有利な契約がもらえる」と考えられている。

多くの親は子どもを良い学校へ行かせるためなら、借金したり、良い学校のある区域へわざわざ引っ越しをしたりと、どんなことでもする。

しかし、オランダの学校は、イギリスやアメリカの教育とは少し違う。オランダの学校は、優秀な成績を取り、良い大学へ行くためだけにあるのではないからだ。伝統的にオランダの教育は、子どもが幸せになるためのもの、そして個性を磨くための礎であると考えられている。

オランダでは大学入学時に、その大学に適したレベルの一般的な卒業証書さえあれば、それでじゅうぶんで、特別優秀な成績は必要とされない。だから学生は大学に入るために、受験競争にさらされる必要がないのだ。

私はこうしたオランダの教育システムを知ったとき、子どもの教育に関して感じていたプレッシャーと、自分の中にある「教育こそがすべて」という価値観をすべて取りはらい、考え方を見直さなければいけなかった。

長男の小学校選びで気づいたこと

長男ベンが2歳半になり、私が長女イナを妊娠していたとき、アムステルダムの南の小さなアパートから、北部の一軒家へと引っ越しをした。この北部地域は冷たい北極風が吹くためか「シベリア」とあまりうれしくない呼ばれ方をされることもある。

生粋のアムステルダム人の夫は、以前、一度だけこの地域に足を踏み入れたことがあったのだが、実はたいそう怖がっていた。この場所はアムステルダムとはいえ、大きな運河を隔てるため、中心部からは切り離されており、観光マップにもほとんど表記されない。

このあたりにはかつて絞首刑台があったとされ、犯罪者やホームレスなど、政府がお払い箱にしたい反社会的な人々を集めて住まわせる実験的なプロジェクトもあったという。2007年には、高層ビルが建ち、たくさんの移民が入り込み、ちっともおしゃれではないショッピングセンターができた。

私がかつて住んでいたのはロンドン北西部の貧相なハーレスデン地区というところだった。商店街ではカリブ風の鶏肉の塊が吊るされ、美容室にはアフロヘアーの人がいて、ポルトガル風のカフェがあるなど、多様な文化が行き交う刺激的なところだった。だから、このアムステルダム北部の雑多な雰囲気には懐かしさを覚えた。

私たちはこの街に価格が手ごろで、公園に隣接している広々とした古い家を見つけた。私たちと同じ時期にたくさんの家族が移り住んだため、街はにわかに活気づいた。

オランダでは、子どもが3歳になる前に小学校に登録しなければならない。出産を控えていた私は、ベンの小学校探しは夫に任せることにした。

オランダでは検討すべき学校は公立だけなので、すぐに入学検討リストを作成することができた。子どもを私立に行かせるかどうか悩まなくてもいいことに、私はまず感動してしまった。

私は田舎の中学校で教育を受けた。そのため、大学入学当初は、都会の私立学校で教育を受けた子どもと大きな差があり、自分の遅れを取り戻すのに必死だった。大人になり、出版という胸を張れる職に就きながらも、自分がどの学校へ行っていたのかという質問についてはしばしば答えを避けるようにしていた。というのも、その答えが社会的地位を見極めるのに重要で、自分がこっちの人間か、あっちの人間かという線引きの材料にされることを思い知らされていたからだ。

引っ越した地域には、進歩的な教育方法を取り入れた学校など、たくさんの小学校の選択肢があった。イタリアのモンテソーリ教育、アメリカのドルトン教育、ドイツのイエナプラン教育、伝統的なクリスチャン教育やモスリム教育など宗教色のある学校、そして宗教と無関係の公立学校、これらどの小学校も授業料は無料だ。

いくつかの学校を見学したが、近所のモンテソーリ学校の落ち着いてほがらかな雰囲気にまず惹かれた。

校舎は、1980年代につくられた平屋建ての教室に、白と黄色に塗られた壁というありきたりなものだったけれど、いたるところに子どもたちの描いたカラフルな絵が掛けられており、通路には、砂場や人形の家が置かれ、工作のために机が並べられているのが印象的だった。そして、その学校にいた子どもたちはみんなが幸せそうだった。

教室には本だけではなく、ビーズや木製のブロックやカードがあり、子どもたちは黙々とそれらに取り組んでいた。一番年少の子どもたちは、床に敷かれたマットに座り、知育ゲームにいそしんでいた。どの子どももリラックスしているように見えた。

イギリスやアメリカでは、モンテソーリ教育を受けさせたいと思えば、私立に行かせなければいけない。でも、ここオランダでは、誰もが入れる公立の学校でそれが受けられる。自分がいかに恵まれているかをあらためて感じた。

アムステルダムにはモンテソーリ教育の学校が28校ある。ちなみにアンネ・フランクは、家の屋根裏に隠れる前は、モンテソーリ教育の小学校へ通っていた。

モンテソーリの教育哲学を見てみると、なぜオランダ人に受け入れられたのかよくわかる。モンテソーリ教育は、独立心を育て、ほかの人を助けることに重きを置く。その前提となるのが、「子どもが自分で成し遂げるために先生が手助けをする」という考え方だ。

創始者のマリア・モンテソーリは、「大人や親や先生は、子どもに対してどうあるべきかを押しつけるのではなく、子どもが自分自身で自然に発育していくことが望ましい」と信じていた。つまり、子どもが同じ時間に、同じことを一緒に学ぶのではなく、子どもがそれぞれ持っている個性に基づいて自分のペースで学ぶことを選択する、ということだ。

実際に、この考え方はオランダの教育システムに幅広く浸透している。オランダでは子どもが4歳になると幼稚園へ通いはじめるが、読み書き算数などの構造的な学習は、6歳になるまでは正式には始めない。もし子どもがそれより早い時期にそうした学習に興味を示せば、先生が子どもの取り組める教材を用意する。

私の2人の子どもたちはその方法で、4歳のときから読み書きを学んだが、プレッシャーはまったくなかった。子どもたちと同じクラスで、6、7歳で読むことを学びはじめた子どもも、私の子どもたちより遅かったからといってとくに不利なことはなく、すぐに同じレベルまで追いついた。

もっとも大切なのは「社交能力」?

私たちはモンテソーリ教育の学校を息子のために選んだ。でも、ここを選んだのは、べつに教育方針に惹かれたからではなかった。この学校を訪問したときに印象が良かったから。それだけで息子を通わせるのにじゅうぶんだと思った。

思い返せば、このときの私は、すでにもうずいぶんとオランダ人化していたのかもしれない。

イギリス人やアメリカ人の親だったら、子どものためにできるかぎり学校のことを調べ上げるだろう。そして、そのランキング表を作成し、学校の先生に話を聞きに行ったりするだろう。でも私はそんなことをまったくしなかった。学校選びの主導権を夫に委ねていたのも大きな要因の1つだったかもしれない。

でも、息子が初めて学校の成績表を持って帰ってきたときは、ショックを受けたと白状しなければいけない。成績表に10段階評価やABC評価の成績が何も書かれていなかったからだ。

向上心の強い親が密かに望んでいるような、成績優秀であるとか成績下位であるといった評価は書かれておらず、ほかにも、子どもを比較するような表記は一切なかった。

かつて私が小学校でもらった、20人いるクラスメートの中で自分が何番目なのかがわかるような成績表ではなかったのだ。その代わり、息子の評価に対する次のような説明があった。正直なところ、この説明はつまらなくてあまり魅力的ではなかったけれど、これが私にとって、息子の成績を確認できる唯一のものだった。

〈成績表〉分野ごとの評価について

- 一般的な学習経路からずいぶん遅れを取っている
- 一般的な学習経路から遅れを取っている
- 一般的な学習経路にちょうど沿っている
- 一般的な学習経路より先を進んでいる
- 一般的な学習経路よりずっと先を進んでいる

息子は、担任の先生には出来が良いと見なされているということはわかったが、それが果たして全体の平均と比べてどうなのかはわからなかった。

成績表にびっくり！

学業達成度をはかる10段階評価やABC評価とは違い、息子の成績表には、社交能力や個性に重きをおいた5項目評価が記されていた。私は、今まで自分が信じていた確固たる価値観とのギャップに直面した。なぜ社交能力が頭の良いことよりも大事なの!?

この5項目評価は、子どもたちが小学校に通う間ずっと続いた。それぞれの評価項目を見て、子どもがどうやって特別な技術を身につけ、ほかの人と一緒に作業をし、計画し、失敗があったときにどのように処理しているかなどの概要をつかむことはできた。

昔からあるオランダの学校では段階評価の成績表を出しているところもいくつかはあるようだが、モンテソーリ学校だけでなく、おもな学校ではこうした5項目評価の成績表を使っているようだ。

成績表に書かれた、5項目評価のカテゴリーは次の通りだ。

1　一般的な態度

自立し、穏やかであり、控えめで自分に自信を持ち、のびのびとして、責任感があることが理想とされる

2　環境に対する配慮
きちんと勉強に取り組んでいるか、机はきれいで整理整頓されているかを評価する

3　先生との関係性
頼りになり、好奇心が旺盛で礼儀正しく、気が利き、間違ったことに対してきちんと意見を言えることが理想とされる

4　ほかの子どもとの関係性
助け合おうとしているか、ほかの友だちのことを考えているか、立ち直りが早く、人の話をよく聞いているかを評価する

5　勉強に対する態度
根気強さと集中力、自分1人で仕事に取り組む能力、授業の間、きちんと話を聞いているか、やる気があるか、どれだけ早く勉強に取り組んでいるかの特質を評価する

これらの細やかな性格評価を見れば、オランダの小学校が子どもに何をさせたいと思っているか、ここで重要だと考えられていることは何かを知ることができるだろう。

つまり、オランダの小学校は、学業的に優れた才能とか、高い点数を取れる子どもを

育てようとしているのではなく、友だちと仲よく、机をきちんと整理整頓できる子どもになるよう育てようとしているのだ。

これらの評価基準は、イギリスとはかなりかけ離れていると私の友だちは言った。イギリスでは、子どもに対して繰り返しテストが行われ、それをもとにランキング表が作成され、学校の評判が決まっていく。それはまるで資金を得るために子どもを利用しているようなものだと彼女は言う。

読書会の友だちの1人であるオランダ人ママのアニヤに、教育で一番大事だと思うことについて聞いた。すると「たくさん遊ぶことね！　息子たちには豊かな想像力を持ってほしいの。でも社会的にきちんと適応してほしいとも思うわ。それから、音楽の才能を磨くことも大事ね」と言った。

オランダの小学生には宿題がない

モンテソーリ、ドルトン、イエナプラン教育のいずれの学校を選択しても、子どもに宿題は出ない。そしておそらく、オランダのどの小学校でも宿題はほとんど出ないはずだ。

宿題は小さな子どもにとって時間の無駄で、学習能力を深めるにはほとんど役に立たないという多くの調査結果を目にする。オランダでは、楽しく遊ぶことが良い成績を取ることよりもずっと大切だと考えられており、これがイギリス、アメリカとのもっとも大きな違いだろう。

イギリスの小さな街に住む義理の妹によると、彼女の娘たちの小学校では毎晩子どもと一緒に音読の練習をやることと、スペリングの宿題をやることを約束させる契約書に、親が署名しなければならないらしい。

「親が子どもを上手にサポートできるよう、先生たちが数学をどうやって教えているのかについて、親にコーチングするクラスまで行われているのよ」と、義理の妹は付け加えた。

彼女はどの家庭でもそうであるように、フルタイムで仕事をし、そのうえ娘たちを課外活動に連れていかなければならない。日常の大変なスケジュールに追い打ちをかけるように、毎晩子どもたちと座り、宿題を一緒にする時間を見つけなければならないのだ。

オックスフォードで哲学者として活躍しているロマン・クルナリック氏の話を聞いた。ちなみにクルナリック氏は、数年前に私がフリーランスで仕事をしようと決めるきっかけとなった『How to Find Fulfilling Work（未訳：充実を感じる仕事の見つけ方）』（2012年）という本を書いた人だ。クルナリック氏の専門分野は「他人の気持ち・感情を理解しようとするメカニズム」だ。

「ここ最近、イギリス政府は、社交性、感情学習を学校プログラムから減らし、その代わりに子どもに読み書きや算数に力を入れて教えるという致命的な間違いを犯した」と、クルナリック氏は話してくれた。

私は彼にイギリスの学校が良くなるためにはどうするべきなのか聞いた。

「この問題を解決するには、子どもに他人の気持ち・感情を理解させようとする思いやりの心を教えることです。それは、子どもの感情の発育と人と関わる能力を育てるためにとても大事なことなのです。

カナダで始まり、今では世界中の75万人の子どもたちが受けているとも言われる『共感教育』という学校教育プログラムは、ただ思いやりの心を教えるだけではなく、お互いに協力する姿勢が育まれ、その結果いじめが減り、一般的な学力も上がったという結果が証明されています」

最新のOECD（経済協力開発機構）の調査によれば、イギリスは伝統主義的な読み書き計算に力を入れているにもかかわらず、16～19歳の年齢の子どもの先進国世界ランキングでは、識字能力は下から34番目、計算能力に関しては最下位から2番目という結果だった。同じOECDの調査で、オランダは、フィンランドと日本に並んでトップ3に入っていた。

また『タイムズ』の報告書では、「あるレポートによると、先進国の中でも、読み書きのできないイギリスの若者の数が一番多く、数学に至っては危機的な状態である」と述べられている。オランダの新聞は、その報告書を愉快そうに「これは『不条理のジョーク』のようだ。なぜなら学校で学んでいるオランダ人の方が、英語を話すイギリス人よりもよっぽど英語のことをよくわかっているのだから」と書きたてた。

学校は子どもにとって幸せな場所？

子どもたちの通う学校の教育方針をもっと知りたいと感じた私は、校長先生に話を聞かせてもらうことにした。校長先生は船乗りのように体を揺らしながら歩く、小柄で体格のがっしりとしている女性だった。来年には定年退職する予定だという。この校長先生の親しみやすい雰囲気が学校のすばらしさに影響していると感じた。

校長先生は毎朝といってもいいくらい校門の前に立ち、すべての生徒と握手をしながら挨拶をしている。相手と交差する方の手を差し出して握手をしているか、ちゃんと手袋を取って握手をしているか、子どもたちに礼儀正しく挨拶することを教えているのだ。

子どもたちはきちんと列に並び、走らずに歩いて中へ入る。もし校長先生がそこにいない場合は、必ず代わりの先生が立って子どもたちに挨拶をしている。

こぢんまりとした校長室に通され、私は執筆中のこの本について説明した。

私の説明を聞いた後、校長先生が最初におっしゃったことは「学校が子どもにとって楽しい場所であること、それがとても重要です」という言葉だった。校長先生がそこまではっきりと言い切ったことに、私は驚かされた。

学校の落ち着いた雰囲気を保つためにはどうしているのかを尋ねたところ、校長先生は少し間をおいてから「明確なルールを設けることです」と答えた。

「ルールは必要不可欠なものです。私が17年前にこの学校へ赴任してきたときは、ひどいものでした。子どもたちは野獣のように無作法に学校へ押し入ってきたものです」

私はうなずきながらも、今の落ち着いた学校の様子からは、その当時の状況を想像することはとてもできなかった。

「学校の入り口で子どもたちの名前を呼びながら朝の挨拶をすることで、子どもにその日の始まりを示すことができますし、同時に子どもを落ち着かせることもできると思っています。この短い時間のアイコンタクトがとても大事だと考えているのです」

事実、校長先生は500人近くの生徒の名前を全部知っていた。

この学校では入学すると、その子自身の個性、そして、自立心を育てることに重きが置かれる。わかりやすい例でいえば、子どもは入学したばかりの4歳のころから、コートや靴を脱ぐことを親に手伝ってもらってはいけないし、カバンも自分で持って中に入るよう言われる。そのため、体育の授業の前後は、着替えと移動にとてつもなく時間がかかるそうだ。

「私がイギリスで子ども時代を過ごしたときには、学校というものは幸せな場所というよりも、むしろ学力をいかに伸ばすかに一生懸命な場所でした。なるべく多くの成績優秀者を出さなければいけないというプレッシャーはありませんか？」と、私は聞いた。

「以前、イギリスの学校を訪問したことがあるので、あなたのおっしゃることはよくわかります。オランダでは子ども個人がそれぞれできることに取り組めばいいと考えられています。子どもは、その年齢の標準レベルと比べられるのではなく、自分の始めたレベルからどれくらい進歩したかを測られるべきなのです」と、校長先生は言った。

実際、もし学習の遅い子どもがいても、その子どもが学校に居られるよう校長先生は最善を尽くす。このことを子どもは、特別学校へ転校させられるよりもうれしいと感じるようだ。

この学校はある視察団のアドバイスに従い、9～12歳の年齢の子どもから構成される生徒会を設立した。

「子どもたちが学校の強みについて話しているのを聞くのは、とても興味深いわ。もし近所の人がこの学校へ入学を検討したい場合、どうやって勧めるかと子どもたちに聞いてみるの。すると、『先生が子どもにきちんと敬意を払って対応してくれる』『いじめがほとんどない』『とてつもなく多くのことを学べる』『先生が優しい、でもときには正しい方法で厳しく接してくれる』などと答えたの。『正しい方法で』という言葉が、お互いを尊重しているという意味で大事なのよ。そのほかにもいくつかポジティブなコメントがあったわ」

校長先生は話しながらリストに目をやり「先生がそっとしておいてくれる」「何かをするのにわざわざ許可を求める必要がない」「パーティーが沢山ある」などのほかのコメントをざっと読んでくれた。たしかにこの学校ではよくパーティーがあるし、特別なイベントデーもある。生徒会がパジャマパーティーを提案したこともあった。パジャマパーティーとは、お泊まり会の変形版だ。校長先生は教えてくれた。

「子どもは寝袋と空気注入式のマットレスを持ってきて体育館で一晩宿泊するのよ。私は子どもが安心して寝られるように犬を連れて行ったわ。体育館ではサッカーの試合をみんなで見たり、ある子どものお父さんは、自分の経営しているお店から揚げソーセージとフライドポテトを持ってきてくれたりもした」

6歳になると、一泊のお泊まりキャンプがある。このお泊まりキャンプが親から離れて外出する初めての体験という子どももたまに見かける。このキャンプのときには、美術館へ行ったり、何かおもしろい場所へ出かけるだけでなく、外でもたくさん遊ぶ。しかし携帯電話を持って行って親と連絡を取ることは禁止されている。そうしてこのたった1日で、子どもはずいぶん大人に成長して帰ってくるのだ。

「幸福度」はどうやって決まるのか

オランダのロッテルダムにあるエラスムス大学で教鞭をとるルート・フェーンホーフェン教授は「幸福度研究の教授」とも言われ、幸福に関する調査の第一人者であり、何年もかけて世界の人々の幸福度についてのデータベースをつくり、そのデータをネット上で誰もが見られるように公開している。

フェーンホーフェン教授に時間をいただき、ユトレヒト市内にあるエスニック風の小さなカフェで会うことになった。その日はちょうどフェーンホーフェン教授が孫の世話をする日だった(=おじいちゃんの日、と一般にオランダでは呼ばれている)。

優しい風貌をした教授は、幸せを「生活満足度」と定義することから話を始めた。「生活満足度」とは、個人が全体的にどのくらい生活を楽しんでいるかを測る指標だという。しかし、世間的には自己実現の幸せよりも経済的な幸せを測るテストが行われることが多いので注意するようにとも言われた。そして、オランダの平等主義についてこのように説明した。

「オランダはかつて航海の国でした。そのために船乗りたちを常に管理することは難しかったのです。それで私たちはほかの国に比べて封建主義の色が薄い国になっていったのだと思います。この平和主義は今日の私たちの生活にも反映されています。つまり子どもと親との関係がほかの国に比べて平等だということです」

IQよりも子どもたちを幸せにするもの

教授は続けて、「オランダの学校は『子どもに優しい学校教育』を提供していると思います。『オランダの子どもは学校へ行くのが楽しい』というのは2013年のユニセフ調査の結果を反映していると言えるかもしれません。オランダの子どもは『クラスメートのことを親切で手伝ってくれる仲間』と考えている観点からも、競争をして優秀な成績を取るというプレッシャーを一番少なく感じている子どもと言えるでしょう。

フランスやイギリスの学校ではとくに学力に力を入れているけれど、オランダの学校では学力よりも子どもをやる気にさせることに力を注いでいます。実際に我々の研究では社交能力は幸福への助けになるという結果が出ています。それはいわゆるIQというものよりも、ずっと大事なものなのですよ」と説明した。

私たちは、幸福と教育の関係について聞いてみた。教授は机を挟んだ私たちの方へ身を乗り出し、こう言った。

「いろいろな国を比べてみて、適度な教育と幸福との間には、ポジティブな関係があることがわかりました。しかし私たちは、幸せになるためには、できるかぎり高いレベルの教育を受けることを要求されながら暮らしています。でも実際は、個人の教育レベルの高さと幸福には何の関係性もないということもわかっているのです。

そのような高い教育が強みになると仮定すると、実はそれに見合った弱みも出てくるはずなのです。この『幸福のリーク』がどこにあるのかはまだわかりませんが、子どもに将来の幸せのためだからといって、学問を執拗に押しつける必要がないことだけは確かです」と話してくれた。

それから少しして、フェーンホーフェン教授は腕時計を見て「孫のところに戻ってランチをつくらなければ。そろそろ失礼するよ」と言って帰っていった。

試験の結果よりも、先生の方が子どもをわかっている

家庭菜園で息子のベンと友だちのフロリスと過ごした日曜日から数週間経った。アムステルダムにあるオフィスで本の編集をしていると、携帯電話のベルが鳴った。ベンからの電話だった。

「どうしたの？　何かあったの？」

「お母さん！　ＣＩＴＯ試験（全国共通学力試験）の結果が出たよ！」とベンは言い「結

果は545点だった！」と、続けざまに言った。

私たちはこの4日間、ベンのテスト結果から考えて希望の中学校へ入学するのは無理だろうと思っていたが、どうやら学校側は受け入れてくれたようだ。

ベンの試験得点は、ちょうど「VWO（大学準備中学教育）」の能力別グループに入れる545~550点の範囲内だったが、子どもの評価は、このCITO試験の結果だけでなく、小学校最後の3年間に非公式で年2回行われる試験の結果と、先生による子どもの勉強能力および取り組み態度の評価との組み合わせで決められるようだ。

試験の結果は、どのタイプの中学校に入るのが子どもにふさわしいか、学問的能力と気質を見極める判断材料にのみ使われる。このシステムの背景にある実質的な考え方は、試験よりも先生の方が子どものことをよく理解し、判断しているということのようだ。

もしある子どもがCITO試験で前回の試験よりも高い点数を取ったとすると、子どもの親と先生の助言を交えて話し合いをする。この話し合いは、子どもの進学する中学校の行き先を変更することが目的ではないが、そうすることも可能だ。

ベンの場合は、この試験結果が彼の行きたいと思っていた中学校への入学許可を意味し、また同時にその中学校で勉強に取り組み、幸せな学校生活を送る能力があるという保証でもあった。ベンはその中学校にすでに登録をしていたので、あとは入学許可が出るかどうかを待つだけの状態だったのである。

中学校への進学にも競争はない

ここで少しオランダの学校システムについて説明しよう。

試験の平均点よりも高い点数を取り、きちんとした道徳観を持つ子どもは、高等教育学校の能力別グループに入る。このシステムは「VWO（大学準備中学教育）」と呼ばれ、ここで大学への入学準備のための高等教育が受けられる。子どもはVWO卒業資格を取得するため、そこで6年間勉強をする。

その1つ下のレベルに「HAVO（高等一般教育）」がある。ここでは、看護師や教師などの専門職につくための一般的な中等教育が行われる。しかしここでの勉強は、将来、大学で教育を受ける可能性が出たときの基礎課程とも見なされる。

CITO試験で低い点数だった場合は、4つある職業訓練校「VMBO（職業的中等教育）」のいずれかを勧められる。ここでは子どもが16歳から職業につけるよう、経済、科学技術、医療、農業の4つの分野において、職業訓練と技術的な訓練の準備をする。オランダの子どもの実に60％は、この「VMBO（職業的中等教育）」に入るといわれるが、そこに属することを社会的な不名誉だという風潮はない。

ちなみにこの教育システムでは、入学後も子どもの能力とやる気によって、ほかのグループへ移籍することが可能になっている。とてもフレキシブルなシステムなのである。

私がイギリスの友だちにこのオランダの学校教育システムについて話をすると、子どもがそんなに早い時期に選別されると将来の選択肢を狭めてしまうのではないか、という心配の声がまず上がった。しかし夏の間、我が家の工事に来ていた建設業者の人たちと話をしたおかげで、その心配は消えていった。

娘さんが動植物科学・農業の職業訓練校へ入っていることを話してくれた人がいた。彼は自分の娘のレベルにあったその教育にとても満足しており、学校へ入って1年経ったころに娘さんは飛び級をし、地元の進学校へ編入する許可がもらえたという。「娘にこんな機会がもらえてうれしい。能力さえあれば、オランダの教育システムには多くの可能性があると感じている」と話してくれた。娘さんは将来、馬の調教師になりたいと思っているので、地元の馬小屋の手伝いをしながらそれに必要な教育も受けているという。

ベンの友だちフロリスは、HAVOに進むことを勧められた。フロリスは大人しく明るい子どもだったが、集中するのに苦労する子どもでもあった。

フロリスは嫌なことがあると、すぐに本の世界に入り込んでしまう。だから授業を最後まで聞いていたことがなかった。しかし、驚いたことに、先生はそんなフロリスにそのまま本を読ませていた。先生はフロリスの逃避癖が彼の精神安定に必要であることをきちんと理解していたのだ。

先生は彼に無理やり勉強させることをしなかった。先生も親も、フロリスは大器晩成型なのだろうと思っていた。フロリスは自分自身のことをHAVO(高等一般教育)から大学入学レベルのVWO(大学準備中学教育)まで苦労して進むだろうと言っていた。

こうしたフロリスの考え方は、あらゆる教育を受けられる可能性があるオランダ教育システムならではと言える。たとえば、HAVOの学生が大学に進学しようとするとき、ほかの学生に追いつくため、入学前の1年間、大学で基礎学年教育の準備クラスを受けることもできる。私の17歳の甥は読むことがゆっくりであるという視覚障害を持っていたので、まさにこの進学方法で高等教育まで受けようとしていた。

フロリスの場合と同じく、ベンの学校の先生たちは、学校選びのときに慎重すぎるくらいに慎重だった。もしこのシステムがイギリスで取り入れられたら、なるべく甘い判断をして、自分の子どもができるだけレベルの高い学校へ入れるよう、プレッシャーをかける親がいることは簡単に想像がつく。

私はベンの担任のシンシア先生に、今回の試験結果がたまたま良かっただけで、来年から中学校で苦労するのではないか(ちなみに、ベンのクラスの友だちの半分はVMOを勧められた)と話すと、先生はとても驚いたようだった。

「そんなことはもちろんありませんよ。私たちはただ、子どもに相応しい学校へ行ってほしいと思っているだけなんです」とシンシア先生は言った。この先生の態度は、イギリスやアメリカの学校にある上昇志向に基づいた苦悩とはずいぶんかけ離れているように思えた。

「10点満点中6点」で大学に合格

競争のないオランダの小学校では「クラスのトップになることを目指さない」という意味で興味深かった。さらに、これは中学校でも同じことが言え、10点満点の試験のうち、6点を取れば次の学年へ上がれるので、みんなそのレベルで満足している。

オランダの成績評価方式は、正答率を基本とするイギリスやアメリカの評価方式とは異なることをまず断っておかなければいけない。オランダの場合、取得点数は全体から間違ったぶんを差し引く方式なので、事実上10点満点達成は不可能なのである。

ほとんどの生徒は卒業資格を取得するのに必要な点数として6点か7点を取っており、6年間の中等教育の後半、高等部卒業時の平均点数は一般的に64点くらいになるそうだ。ほんの一握りの優秀な学生だけが平均8点を取ることもあるが、それはとても高得点と見なされる。

VWOでは、もし学生が卒業資格を取得さえしていれば、誰でも大学へ行くことが可能だ。そこにはイギリスやアメリカで大きな問題となる、甘い基準でわざと高い成績評価をつけるようなことは起こらない。そのためオランダでは、大学へ入るためにより高い点数を取ろうと学生同士の競争がエスカレートすることはなく、エリート主義を招かない。これはとても公平な教育システムのように見える。

ハーマン・プライという文化史家が、オランダ人のアイデンティティについて最近調査しまとめて書いた『Moet Kunnen（未訳：これでいいのだろうか）』（2009年）という著書の中で、オランダにおける教育方針の説明がされている。

プライ氏が言うには、学問の良くできる成績優秀者よりも、平均レベルの能力においてこそもっとも広い可能性を見つけ出すことができるという。

「『中道（平均レベルで良い）』という概念は、できるだけ多くの学生を進学させるという政府の方針として教育システムのすべてに反映されている。そのため、合格ラインの点数さえ取っていればそれでじゅうぶんなのだ。それでも良い成績を取りたいのであればそれはまったくあなた次第だ。しかし、必要はない」

古代ギリシアの哲学者、アリストテレスによる「中道」の概念は、オランダ人の考え方の中核をなしているようだ。すなわち、良し悪しの2つの極端な評価をつける悪習を避け、健全な平均レベルで良いということだ。

豊かな才能はどこから生まれるか

オランダの学校には熾烈な競争といった風潮はなく、21人のノーベル賞受賞者を生み出すようなことはないが、アイデア豊富で、起業家精神にあふれた人が多く、芸術、デザイン、建築の分野で多大な成功を収めている。またウイキペディアで調べると、DVD、CD、Bluetooth、Wi-Fiなど、オランダ人の発明したものの多さはとても印象的だ。

しかし、このところのオランダ教育の現場では、高い点数を取ることを良しとする新しい傾向があるという批判も出はじめている。先述のプライ氏も、こうした新しい流れに批判的だ。

オランダ教育システムは開放的で、できるだけ多くの学生に開かれたものであるべきで、競争を避け、平均レベルの中にいることは、オランダ教育システムの必然的な特徴となる。もしこれを取り払い、限られた才能だけに注力しようとすると、全体の教育レベルは低下し、国の繁栄と幸福実現度を縮小させてしまうと、彼は考えていた。

結局のところ、現在のオランダの教育システムの良いところは、子どもを競争から脱落させるのではなく、できるだけ長くレースで活発に活躍できる場を提供しつづけているということだろう。

古くからの友だちで、私と同い年のアルベンと彼女のお母さんに学校教育について聞くことにした。アルベンとは、彼女の長男と、私の息子が同じ保育園であったことから仲良くなった。アルベンは優雅なブロンドの髪をしていて、元オリンピック陸上競技選手のこれまた背が高くブロンドの髪をした夫と結婚をしている。そして、彼らには２人のかわいいスポーツ少年がいる。

ある夏の午後、我が家でお茶とお菓子を口にしながら、私たちはこんな話をした。アルベンのお母さんであるパウリンさんは上品な感じの70歳女性で、かつては教育課の特別支援アドバイザーとして働いていた。パウリンさんは、３人の子どもがどんな学校へ行くかは気にしていなかったけれど、放課後に何をするかは大事だと考えていたと話してくれた。

「あなたのような人は貴重よ。どんなことに興味がおありなの？　10代のころ、土曜日にはどんなアルバイトをした？　もし大学に行きたいのであれば、ＶＷＯの資格は必要よ。でも６点なのか10点なのか、資格さえ取れればそれはあまり重要なことではないと思うわ」

パウリンさんの３人の子どもは全員、学生のときに勉強していたこととはまったく別の仕事をすることになったという。

1人は法律の勉強をし、今では子ども向けの映画をつくっている。もう1人は南米について勉強をしたが、今はデパートで働いている。そしてアルベンは、看護師として訓練を受けた後、今ではフリーランスのライターとして働いている。これが、パウリンさんのいうところの、どの学校へ行くかが問題ではないのだということを証明していた。

アルベンに対しても、2人の子どもに何か望んでいることがあるかを聞いてみた。

「そうね、もし子どもがスポーツをするなら、良いチームに入れたいわね。学校に関しては、彼らが楽しく通えるならそれでいいわ。でも欲を言えば、もう少し何かあってもいいわね」

アルベンの言葉は「子どもを思い通りにコントロールしようとする親」とは違う。なぜならアルベンは最後にこうも言っているからだ。

「もし息子のどちらも高等教育の能力別クラスに行けなくても、そのせいで夜眠れないなんてことはないわね」

競争させなくても子どもたちは学ぶ

私自身の人生を振り返れば、試験や成績表なしで、いつも成績優秀者であろうと努力して学生生活を送ることや、その後の仕事人生を過ごすのは難しかったと思う。
けれど、子どものころのひどい競争は、後の人生においては、失望感をも引き起こす。競争の元凶である「格付け」さえなければ、自分はそのままの自分でいいという自己肯定感を持っていただろうと思う。

大人になってからも、経済的な条件や収入、子育てにどのくらいの時間を費やしたかということで、自分の価値を計られてしまうこともあるかもしれないが、この種の競争によるストレスを自分の子どもには味わってほしくないと思う。自分の子どもには、いつも褒められようと人の目を意識したり、ほかの子よりも自分の方がすごいと比べることよりも、努力の積み重ねをきちんと自分で評価できる子どもになってほしい。

心理学専門誌『Psychology Today（サイコロジー・トゥデイ）』の記事で、ボストンカレッジのピーター・グレー教授が、アメリカ教育において問題と思われることを以下のように書いている。これは、イギリスでも同様だろう。

「先生がいつもきちんと正しく予測できるとは限らないのに、子どもは早いうちから、学校の中で、自己決定や自己認識よりも、先生がどのように選択して判定をするのかが重要だということを意識しはじめます。すると、こんなことが起こるのです。一生懸命勉強しているのに成績が良くない。その原因は、ちょうど先生の望むような勉強の仕方をわかっていなかったか、あるいは先生が質問しようとする問題に正確に答えられなかったからということでしょう。

だから、大多数の学生が夢中になるのは、能力を伸ばすことではなく、いかに先生の意向を察知し、良い成績を取るかということになるのです。学校の成績と試験の結果をもっとも重視することにより、学生は本来あるべき姿を失っています。このままでは、学生が課題について幅広い知識を得たり、知的な刺激や視野を広げるチャンスを逃す恐れがあります。人生において大事なことは、良い成績を取ることから得られるキャリアチャンスや物質的なことだけではないはずだからです」

学校が大好きなオランダの子どもたち

誤解のないように説明しておくが、オランダの小学校でも年に2回、おもに読み書きと計算を重視した公式試験を子どもは受けなければいけない。でもその試験は必要悪と見なされ、あまり口に出して話されることがない。したがってこの試験結果を先生が子どもに見せることはなく、親にも成績表として配布されることはない。親は年に2回行われる先生との面談で、結果をちらっと見せてもらうだけである。

子どもが11歳あるいは12歳になって、どの中学校に進学するかを決めるとき、初めてその試験結果が役に立つ。とはいっても、この試験に合計点数はなく、子どもの試験結果が編さんされたり、比較されたりすることも決してない。前にも述べたように、オランダではクラスの成績優秀者になることはまさに不可能なのだ。

おもしろいことに「人と競争をしない」という態度は、学校生活において勉強以外でも見られる。

先日、息子が学校で初めての運動会に参加して家に帰ってきたので、私はとくに考えもせずに、競技レースで勝ったのかどうかと聞いた。すると息子はとても困った顔をしたので、徒競走はなかったの？　と聞いた。

すると息子は、走る競技はやったけれど、遅れていた友だちを待って手を取り合って一緒にゴールしたというのだ。この運動会は明らかに勝つことを重視していないようで、実際、勝ち負けはなく、メダルもトロフィーもチーム競技もなかった。子どもたちはただ、グループで運動場へ行き、いくつかの競技や課題をした。そこには、走ったりジャンプしたりそのほかの陸上競技と並んで、空気圧式のバルーン滑り台や城型トランポリンや木製の9本のピンを倒すゲームのスキットルもあった。それは、ハードルにつまずくと友だちに笑われ、文字通り人生のつまずきを示すかのような運動会とはまるで違うものだった。

ＯＥＣＤが２０１５年に発行した『How's Life（人生とは）』において、ＯＥＣＤメンバーの国々の幸福度を計った調査結果が掲載された。それによるとオランダの子どもは「学校での学業において一番ストレスが少ない」という結果だった。その一方で、当然ながらアイルランド・アメリカ・カナダ・イギリスなどの英語圏の子どもは一番プレッシャーを感じていた。

「学校が好きかどうか」という項目でも、オランダの点数がとても高かった。この調査におけるあらゆる要素を組み合わせたとき、オランダの子どもが学校で感じる幸福度に関しては明らかに勝ち組だった。

オランダの教育システムには職業教育の学校も含まれているため、ほとんどの子どもが19歳まで学校に在籍し、それよりも早く学校を卒業するのは一握りの子どもたちだけだ。興味深いことに、OECDによって読解・数学・科学において世界的に調査されるPISA（OECD生徒国際学習到達度調査）では、スペインとトルコに上位を譲ったもののの、オランダがとても高い点数を取っていることが認められている。ちなみにイギリスは26位、アメリカは36位という結果だった。

この結果を見ただけでも、オランダの教育システムが、幼児期に英才教育や競争をさせなくても、きちんと学力をつけることができることを証明している。

また最近のOECD調査報告では、オランダの教育システムはかなり高い質にあると結論づけられている。この調査報告によると、「オランダ教育の成功の背景にあるのは、学校パフォーマンスの質と実践重視の教育方式を組み合わせたこと、そして、子どもの想像力を高めるための実用的な取り組みである」という。

また16〜65歳の大人部門でのPISA統計によると、計算・読み書き能力において、韓国・フィンランドに次いでオランダの点数が高いという結果が出ており、オランダでは学校を卒業した後も、教育において高いレベルを維持しているようだ。

プレッシャーに耐えれば幸せになれるの？ by Rina

オランダへ引っ越しを決めたとき、ただ愛さえあればいいわけもなく、慣れ親しんだ生活とはまったく異なる生活習慣を学ばなければならないということはわかっていた。

私の生まれ育った環境は、失敗や欠点を許してもらえない、そんな辛いものだったが、オランダへ引っ越しをするということは、それら厳しい環境からも離れることだった。

アメリカの一般的な人はこう考えている。子どもは一流大学に入り、医学部か法学部を卒業し、高収入の職を得て、結婚し、2人か3人の子ども持ち、おしゃれな車を乗り回し、華やかな休暇を満喫し、大きな家に住むために頑張りつづけなければならないと。

友だち、家族や地域の人たちから自分がどう見られているかを気にするのと同じくらい、自分は何を成し遂げたのかが気にかかり、それがそのまま個人の自尊心に反映される。

アメリカの雑誌『アトランティック』に「シリコンバレーの自殺」と題してカリフォルニア州パロアルトの成績優秀な高校生が自殺に走っているという記事が掲載された。それを読んで、胸が痛んだが、驚きはしなかった。私自身もサンフランシスコ湾岸沿いに住んでいたので、この状況はよくわかるし、私自身、高校生のときに大きなプレッシャーの渦中にいたことをもう10年以上経った今でも鮮明に思い出すからだ。

その記事によると、ある高校でのここ10年の自殺率は、米国平均の4～5倍だという。その高校は私の母校からたったの45分の距離にある。世界に通用する教育を受けたことに対しては感謝するけれど、プレッシャーのない生活をしたかったと今では思う。

成績優秀者同士で、いつもお互いに腹の探り合いをするのは嫌だった。クラスの中に、意地悪だけど人気のある女の子がいて、おとなしい女の子に目をつけ、その子に微積分の宿題をさせていたことを私は忘れもしない。勇気を出してズルを発見したことを先生に言いたかったが、密告者というのが生徒にも先生にも好かれない行為だと知っていたので、私は黙ったままでいた。

アメリカで子どもに送られるメッセージは明瞭だ。

一流大学への入学は成功と幸せな生活のために必要なこと。だから、どのような努力やプロセスを経て入学したかは問題ではない。

成功に取りつかれる親たち

親が子どもに話す言葉は、子どもの内なる声となる。

アメリカの多くの家庭は「成功」という内なる声に取りつかれている。「完璧な成績を確保し、課外活動においてもすばらしい業績を上げねばならない」と繰り返されるメッセージによって、高校生はみなスーパーヒーローになることを期待される。

どの大学の入学許可が出て、どの大学から入学を断られたかということを図々しく探り合い、お互いに品定めをする。そんな15年前のできごとを私はよく覚えている。いまだにこの件について書くのは辛いのだが、オールAの成績だけではじゅうぶんではなかったのか、もしかしたら私と同じレベルの入学希望者がたくさんいたのか……。私は出願した2校から入学を拒否された。評判の良いほかの3校からは入学許可が出ていたにもかかわらず、私はこのことによってとてつもない敗北感を味わった。がっかりした親の顔を見たくなかったので、3日間部屋のドアを閉めきっていた。

このときの重い気持ちは、やり場をなくし、まだ私の上にのしかかっている。

エイミー・チュアの『タイガー・マザー』が、なぜ子育て本としてロングセラーになりつづけているのか、それには理由がある。彼女は話の多くを冗談めかして書いているが、多くの人が彼女の本を新しい子育てバイブルだと感じたからだ。

チュアの臆面もない正直さは、多くのアメリカ人、そしておそらくイギリス人の間で共感を呼んだ。彼らは自分の子どもがほかよりもすばらしいことを望んでいたし、それは親としては当然の望みだとも思っていた。

多くの親が子どもに期待するようなことを、チュア自身はすべて成し遂げていた。名門大学で法律の勉強をし、法律学校の教授になるという理想のエリートであることを証明しただけでなく、才能豊かな2人の娘も実力で出世コースに乗っているのだ。

それにひきかえ、オランダの学校では平均点だけ取れていれば、大学入学の許可が基本的に保証される。どの大学へ通うかのレベルの違いはほとんどなく、アムステルダムの大きな都市で勉強したいのか、フローニンゲンのような静かな郊外の場所で勉強したいのか、むしろ自分がどういう環境で勉強したいかということの方が大事なようだ。

この低地の国オランダでは、自分のありたいようにいられるし、子どもにとっては、成功するための外部的なことよりも、幸せな気持ちでいられることが大事であるということを、オランダ人の親は、ずいぶん前から知っているようだ。

6・ルールを守れる子どもを育てる

オランダの子どもは行儀が悪い？ by Michele

私たち家族は、学校の休暇を利用して南仏を訪れた。すぐ近くで、長女イナのクラスメートのエリアス一家も休暇を過ごしていた。

子どもが学校に行きだしてうれしいことの1つが、家族ぐるみでお付き合いしたい人たちと知り合えることだ。私たちは一緒に車で海岸へ行き、フェリーで少し行ったところにあるエムビーズ島という小さな島で、のんびりとした午後を過ごした。大人たちがピクニックシートを広げてビーチタオルに横になっている間、子どもたちは海の中でパチャパチャと遊んでいた。イナとエリアスと彼の妹の3人は、あちこち走り回り、足を砂の中に埋めては騒いでいた。

そんな子どもたちの様子を見て、エリアスの父親のトーマスは冗談めかして、オランダ人の子どもはうるさいし、マナーがなっていないなあと文句を言った。子どもたちには、ピクニックセットのそばでは遊ばないよう、そこでは静かにするように言い聞かせていた。それなのに彼らは走り回り、死んでいるクラゲを見つけては棒でつつく。そして、私たちに隠れた岩場で何か始めたらしく、クスクス笑う声が聞こえた。

近くの小さな入り江には、フランス人の家族が座っていた。親はデッキチェアーにのんびりと座り、2人の子どもは2、3メートル離れたビーチタオルの上に座っていた。その子どもたちは走ったりジャンプしたり大きな声で叫んだりすることはなく、とてもおとなしかった。

その光景を見た私は、自分の子どもたちの方がよっぽど楽しそうだと思った。でもトーマスは「僕たちの子どももフランス人の子どもだったら良かったのになあ」と素っ気なく言った。

こんなふうに、フランス人の子どもの行儀の良さは、ヨーロッパじゅうの親からうらやましがられる。パリのジャーナリスト、パメラ・ドラッカーマンが書いた『フランスの子どもは夜泣きをしない』（集英社・2012年）という本も、フランスの子どもたちの行儀の良さを売りにしている本だ。それにひきかえ、オランダ人の子どもといえば、レストランを走り回り、あらん限りの大声で叫び、ほかで食事をしている人の邪魔をするということで悪名高い。オランダ人の子どもは無作法で無礼であると見られることもある。

フランス人の親は権威的だ。子どもが大人と同じように振る舞うことを求める。一方のオランダ人は、子どもに過度に行儀良くすることは求めない。より寛大に子どもと接し、子どもに対しては権威的というよりはむしろ信頼的な態度を取る。

オランダ人の子どもがレストランを走り回り、大声を出しても許されるのは、オランダではどこでも子どもが歓迎されているからだと言える。オランダはほかの国よりもずっと子どもに優しく、子どもを社会の中心に置く文化を持っているのだ。カフェやレストランでは、子どもが遊べるように本やパズルやゲームが用意されたスペースがあり、子ども連れの家族が過ごしやすいように工夫されている。

しかし、そのことに賛成していない人もいる。実際には食事を落ち着いて食べられるように、子どもの入れないレストランをつくるよう働きかける圧力団体までいる。最近のアムステルダム日刊紙『Het（ヘット） Parool（パロール）』に、「オランダ現象：子どもを連れてきて好きなようにさせている国民」としてその問題に触れた記事が掲載されたこともあった。

夏の終わりにイナを連れてロンドンを訪れたとき、娘と一緒に入れるお店があまりにもないという事態に出くわした。子どもを連れて近くのパブにちょっと立ち寄ることもできず、家族向けのレストランを探すのにかなり苦労をした。子どもの姿は見えても声は聞こえるべきではない、という凝り固まった考えのイギリスでは、イナのように人の多い大通りでスキップをする子どもは、どうやら歓迎されていないようだ。そして、今回の休暇で訪れたフランスでも、私たちは同じ経験をした。昔ながらの婦人帽子店でてきな帽子を見つけたイナが、大声を出しながら走り回ると、店員から非難めいた顔をされたのだ。

オランダでは、子どもに子どもらしくのびのびと振る舞わせる。元気に遊ぶことは、おとなしく従順でいるよりもずっと大事なことだ。オランダ人は、子どもが自ら動き、刺激を受け、そこから学ぶことは良いことだと思っている。

たしかに、子どもが遊ぶとうるさいかもしれない。周りの人に迷惑をかけるかもしれない。フランス人がそんな子どもたちに寛大に接してくれなかったり、イギリス人やアメリカ人が非難めいた目で見ることもあるかもしれない。

でも、海岸で見かけたフランス人の子どもは、クラゲの触感を調べているわけでもなければ、岩場の滑りやすさを確かめているわけでもなかった。どう見ても遊んでいるようには見えなかった。

私は、彼らがいったいそこで何を学んでいたのだろうと思った。フランス人の子どもたちは、ただ大人に迷惑をかけないようにしていた。その代償は何だろう？

180度変わったオランダのしつけ

ほかの国と同じように12世紀半ばごろまではオランダでも体罰はあたりまえのことで、かつての親はもっと子どもを厳しくしつけていたという。

たとえばオランダには「黒いピート」の話がある。2世代くらい前まで「黒いピート」といえば「言うことを聞かない子どもを怖がらせる人」の代名詞として使われていた。「黒いピートは、悪い子どもを打つための小枝の束と、スペインへ連れて帰るための黄麻布の大袋を持ってやってくる」。そんな風に子どもたちに信じられていたのである。

義理の母は、娘のイナと同じくらい食べ物の好き嫌いの多い子どもだったらしい。子どものころの母が厳しいしつけに怯えている様子が目に浮かぶ。母の姉によると、母は夕食を残しては毎晩お尻を叩かれていたという。オランダ人はこんなに規律に厳しい国民だったのに、何がいつから変わってしまったのだろうか？

1530年にオランダ人哲学者エラスムスが『Civilitate morum puerilium libellus

（未訳：子どもにとっての良いマナーに関するハンドブック）』という本を書いている。

エラスムス自身は、懲罰的な教え方でとても厳しいと有名なフランスの大学で日々を過ごしたが、この厳しく道理的な教育スタイルに嫌悪感を抱いた。そしてエラスムスは「暴力や戦争に対する嫌悪感は、子どもが生まれながらに持っているもので、しつけは鞭打つことよりもむしろ、子どもにやる気を起こさせ、褒め、羞恥心を育てることでなされるべきだ」と助言している。

かつては、オランダの学校でも厳しいしつけがあったが、1820年初めに体罰が法的に禁止された。オランダは、このように体罰を法律で禁じた最初の国の1つでもある。アメリカ人の子育てエキスパートであるベンジャミン・スポック博士は、戦後のオランダ子育てに大いに影響を受けたという。

豊かな子ども時代を過ごしたからこそオランダ人たちは、よりリラックスした子育てをすること、そして、子どもが無邪気に楽しみ、のびのびと振る舞うことをいち早く受け入れたというのだ。

自由放任主義は子どもを反抗的にする？

リナと私が、歴史家のエルス・クルックさんと話をしたときも、かつての親は今よりもずっと厳しかったと言っていた。昔の子どもは食事の間、テーブルの前に立っていなければならず、話をすることも許されず「お父さんの言葉がすべてだった」という。

クルックさんによると、1960年代に起こった若者による革命がすべてを変えたのだという。突然にして、すべてが今までとは真逆の自由放任主義と反権威主義になった。愛と平和の尊さを訴えた反体制的スローガンの動きは、イギリスよりもオランダで隆盛を極めた。これはおそらく、イギリスに比べて、オランダには解体しなければならない階級制度が少なかったからだろう。

クルックさんは1950年代生まれで、彼女たちの世代は権威主義的な親を批判し、その反動で自分の子どもに対してできるだけ多くの自由を与えようと試みたそうだ。つまり、親が子どもに禁止することは何もなく、子どもたちは何が危ないのか、危ない境界線がどこなのかを自分で見つけ出さなければいけなかったという。子どもが親の言うことを聞かないとき、子どもを医者へ連れて行って聴力を調べてもらったという馬鹿げた親の話を例に挙げながら、当時の自由放任主義にはかなり行き過ぎたところがあったと、クルックさんは話してくれた。

現在の親たちは、子どもに対してある程度のルール、良し悪しの境界線を決めてしつけをしている。しかし、オランダ人にとってしつけとは、処罰することが前提なのではない。社会的に、適切に振る舞えるよう教えることなのだ。

強い社会的階級制度のないオランダ社会では、目上の人や自分よりすごい人の意見に従うという考え方がない。だから、オランダ人の子どもは大人に対してフランスやアジアの国の子どもたちがするような礼儀正しい態度を見せないかもしれない。でも彼らは誰に対しても親しみやすく親切に振る舞う。みんな対等の立場にいると考えているので、盲目的に大人の意見に従うようなことはしないだけだ。

こうしたオランダ人の子どもの態度を、わざと反抗的な態度を取っているように見る人もいるかもしれないが、彼らはただ、大人に対しても臆することなく、自分の意見を伝えようとしているだけなのだ。そして、オランダでは、正しい議論の仕方を学ぶことは、生きていくうえで役に立つ技術と見なされている。

親が手本を見せることが大切

オランダの子育て専門家がとりわけ勧めることとは、大人が良い手本になるということだ。「子育てとは、あなたが説くことを実践してやっているだけのことだ」とか「親鶏時をつくれば若鶏これに従う」という絶妙な言い回しもある。

また、親は子どもに「指示」するのではなく「私はあなたに〇〇してほしい」と「伝える」ことが大事だということもアドバイスしている。つまり、こちらは明確な意思を伝え、決定権は子どもに委ねるというのだ。

しつけとは、子どもに何かを押しつけることではなく、子どものすることをいちいち調べ上げたり、監視したり、脅かしたり、大声を出したりすることでもない。親に求められるのは、子どもをたくさん褒めてあげることであり、子どもの自由を侵害するようなしつけは今すぐにやめるべきだと考えられている。

子どもに何かしらの罰を与えるにしても、何かを壊したら壊したものを修理させるとか、散らかしたらそれを片づけさせるなど、子どもの行いに関連づけてなされる。

オランダのしつけは「説明」し「伝える」こと

フランスでの休暇を終えて数週間後、トーマスとヘレーンの家へ行って「discipline（ディシプリヌ）（しつけ・規律）」について話をした。しかし、初めからお互いの文化の違いにぶつかってしまった。

どうやら、彼らには私の聞こうとしていることが理解できないようだったのだ。だからまずは、「ディシプリヌ」という言葉を定義することから始めなければならなかった。

彼らは「ディシプリヌ」という言葉を子育てに関連づけて考えたことがないようだった。オランダ語にも発音は少し違うがまったく同じつづりの言葉があるにもかかわらず。

オランダ語の辞書によると、この言葉は「規則と命令に従うこと」となっているが、ヘレーンはそれを自分の仕事やスポーツに関しての自己鍛錬と関連づけて考えているようだった。子どもを命令に従うようしつけたり、子どもが約束を破ったときに罰する、という考え方は、オランダ人の親には嫌われる行為のようである。

英語の「discipline（しつけ・規律）」という言葉は、オランダ語では「opvoeding（オップフーディング）」という。この言葉には「しつけ」という意味だけでなく「教育」「子育て」という広義の意味がある。そこには、口ではなく行動で示すとか、罰するのではなく、正しいことを説明して教えるという意味も含まれている。

脚本家として仕事をしているヘレーンは、自信に満ちた有能な女性に見える。「『ディシプリヌ』は子育てをしていく中でそれほど大事なものではなく、親として大事なことは、子どもがすばらしい人間になるよう育てることだと思っています。そして子どもには良し悪しを見分けられるようになってほしいけれど、何より優しく責任のある人間になってほしい」と彼女は言う。

木製家具職人をしている彼女の夫のトーマスは少し短気だ。そして、古臭い規律や大人の言うことにおとなしく従うような子どもを揶揄する。彼にとっての子育ては、子どもにすばらしいものを見せる旅だという。「そうすることで、子どもにいろいろと選択できるチャンスが生まれると思う。でもその媒介者として、たまにイライラすることもあるけれどね。だって、私が子どもにしてあげたいと思ったことが、必ずしも子どもの気に入るわけではないんだから！」

トーマスが子どもたちに何かを無理やりさせることはない。ただ「なるようになるさ」と考えているようだ。

ヘレーンとトーマスは子育てに関して、もし子どもが金曜日に家の中で遊びたいと言えば、土曜日には外で遊ばせるというように、一緒にちょうど良いバランスを探しているようだ。

でも一番苦労するのは、子どもたちのスクリーンタイムをどう調節するかということだと2人は打ち明けた。彼らは、エリアスがコンピューターで遊ぶ前にギターの練習を済ませるというルールを考え出したそうだ。

こんなふうに、子どもが言うことを聞かなかったときには、エリアスのスクリーンタイムを制限したり、妹のルビーがベッドに入らなければいけない時間を決めるなどして、子どもがやりたいと思うことを制限することで、正しい振る舞いを上手く理解させている。

子どものためにルールをつくる

オランダ人にはイギリス人にあるような気品はまったくないし、個人的にはオランダ人が行儀の良い国民だとは思わない。

「礼儀は大事よ、でもそれは社会的交流を助けるための実用的なものであるべきだわ。礼儀よりも『Please（お願いします）』『Thank you（ありがとう）』と口に出して言うことの方が大事じゃないかしら」とヘレーンは言う。トーマスは、食事中に子どもたちがまっすぐ椅子に座りナイフとフォークをきちんと使うように日ごろから言い聞かせているという。

「お行儀はサイクリングをするのと同じよね。歩道を自転車で走るなんて反社会的でしょ？」

典型的なオランダ流子育てのポイントを彼らに聞いてみた。

「物事を全体的に捉えて、前向きに子育てをするということかしら。私は必ずしも賛成はしないけれど、『ダメ・してはいけません』という否定的な言葉を避けるのもオランダ人らしい子育ての1つかもしれないわ。親は『〇〇しないように気をつけてくれる？』という言い方をすることで、子どもに物事を押しつけるのではなく、理由を話して聞かせ、納得させる傾向があるかもしれない」とヘレーンは答えた。

「親と子の対立は避けるべきことだと考えられているんだよ。親が子どもと徹底的に話し合うことで対立は避けられるけど、同時に親としてあらゆる反論を受け入れなければいけないことも意味する」とトーマスは付け加えた。

「親たちは上手く対処していると思うけどね。結局は『それはいいね』と言うのだから、子どもが何をしていようと本当は関係ないんだけどね」

「一般的にオランダ人はよく『私はベストを尽くした』と言うわね。それがたとえ本当でないにしても。オランダ人は自己批判されることに慣れていないのよ。だからオランダのサッカーチームを見てよ！」「そうそう、だからオランダのチームはいつもドイツチームに負けるんだよ！」と2人が言い合った。

ルールを守れないときはとことん話し合う

ほとんどのオランダ人の親が、子どものしつけのために基本的なルールを設けることに賛成している。「明確なルールをつくること、でもそのルールは子どもができることに合わせてつくる必要がある」とオランダ人はよく言う。ルールによって、適切に行動できるようにすることと、物事の良し悪しの境界線を明確にすることが必要で、もし子どもがそのルールを破ったときは、罰するというよりは、話し合ったり説得しようとしたりするのがオランダ流なのだ。

『Positive Parenting（未訳：前向きな子育て）』（1991年）の著者、エリザベス・ハーツリー・ブリューエさんは、アメリカの子育て専門家だが、子どもを中心とした自由放任主義的なこの数十年の傾向を嘆き悲しみ「厳しいしつけを（正しく）拒絶すること」によって親も「親の権限と責任を捨てた」と書いている。

現在のオランダ人は、子どもには明確なルールを守らせること、そして、物事の良し悪しの境界線を教えることの必要性を再認識している。しかし、親が子どもにルールを課す一方で、子どもにはそのルールを守らなければいけないのはなぜなのかを自分で考えさせるようにしている。

これは、かつての権威主義的な親たちの態度とは微妙に違う。今のオランダ人の親は、権威的である必要はない。親には子どものしつけに責任を持つことと、子どもと上手くコミュニケーションを取ることが求められているのだ。

罰するよりも、思いやりを教える

夏の初めに『Waarom? Daarom!（未訳：どうして？　私がそう言ったから！）』（2015

年）という物議を醸す本が出版され、オランダじゅうで議論を呼んでいる。

スリナム共和国出身の厳しい親に育てられた著者、ロウエ・フェルフェール氏は、オランダの子育ては厳しさが足りないと非難した。

「子どもにほうれん草かブロッコリーのどちらを食べられるのかと聞くのをやめて、与えられたものを何でも食べられるにように教えるべきです！」と彼は書いた。

フェルフェール氏は、オランダの親が、子どもと折り合いをつけるために話し合いをしすぎ、子どもが現実世界に適応できないまま軟弱になっていると主張している。あるオランダ人批評家も「子どもは友だちではないんです」と語るフェルフェール氏を支持し、昔ながらの厳しいしつけの必要性を説いた。

一方で、子どもは脅威や罰を通してではなく、大人が手本を見せることによって、社会的、道徳的な行為を学ぶべきだと反論する専門家もいる。ライデン大学で教育の研究をしているリアネ・コックさんによると、子どもは罰せられ、権威的に教えられるよりも、よく説明したり、注意をほかに向けたりするほうが、より効率的に自分の感情や態度のコントロールの仕方を学ぶそうだ。

罰すれば、どうすれば罰せられないかを教えることはできるが、何が悪かったのかを教えることはできない。マンチェスター大学の子ども調査センターの最新の調査では、幼い子どもの善悪の判断基準や正義感は、怒られたり罰を受けたりするよりも、遊びによって培われるという結果が出ている。この結果もまた、15世紀のオランダ人哲学者、エラスムスの言葉が正しかったことを証明している。

マンチェスター大学の調査結果によると、子どもが「第三者の違反」、つまりほかの人が何かに違反する事態に直面したとき「違反をした人を罰するのではなく、違反による犠牲者を助けようとする傾向がある」と述べられている。他人への思いやりという自然な感覚が、良い行動をすることについての強い動機づけになるのだ。

オランダ人の親は、これをしつけの中に取り入れ、子どもに対して穏やかな理解あるアプローチをしているということになる。

「叱らない」「押しつけない」子育ての実践 *by Rina*

「ユリウス、もう寝る時間だよ」と夫のブラムが言った。「あと10分、10分だけ、パパ！」とユリウスがiPadの画面から顔を上げて答えた。ユリウスは、セサミストリートのグローバーがかわいい声で読み上げてくれる「The Monster at the End of this Book（巻末のモンスター）」という本に夢中になっていた。

しかし、時刻はすでに18時、オランダの冬は日が短い。この時間でも外は暗い。今日は長く疲れた日だったので、赤ちゃんのマテオは眠くてぐずりはじめている。

「わかった。じゃあ、あと10分だけだよ、ユリウス。パパが数えるからね」と夫が言った。夫は戦略的にユリウスが寝る1時間前から余裕を見てこう話しかけていたのだ。私たちは一緒に夕食の後片づけをしながら、「あと8分!」「あと5分!」「あと3分!」と叫んだ。夫がユリウスの前に立って、あと少しで10分になることを知らせると、ユリウスはなんとか本の終わりまで読み終えて顔を上げ「もう終わったよ、パパ!」と言った。

2人は手をつないで階段を上って行った。でもこれはユリウスが寝るまでの序章にすぎない。この後、歯を磨くこと、何冊の本を読んでもらうか、どのパジャマを着るか、いつ部屋の電気を消して目を閉じるか……夫とユリウスとのやり取りは延々と続く。すべてのことに折り合いをつけて子どもと話し合うのは疲れるし、ときにはひどく腹立たしくも感じる。でもすばらしいことに、私の夫にはそういう事態に対処する忍耐力があった。3歳の息子がなんとか眠るまでの時間を引き延ばそうとしても、静かに落ち着いた声で毅然と親の意見を言うことができる。それは私にはできないことだった。

オランダ流子育てに必要なのは忍耐

私たち夫婦は、かの有名な「ポルダーモデル(干拓地モデル)」を我が家に持ち込んだ。

ポルダーモデルとは「海を開拓してできた干拓地を洪水から守るための昔ながらの方法」から派生している。

この地域で暮らす人はみんな、浸水を防ぐために協力しなければならなかった。だから、お互いの意見の違いはいったん棚上げし、公共の利益のために解決策を見つけ出す方法を探ったのだ。言い換えれば「みんなの合意によって意思を決定すること」とも言える。

我が家でもこのポルダーモデルに則り、一番下の息子も含めて家族の誰もが意見を言えるようにしている。この合意と妥協が幸せな家庭をつくり、オランダの子どもはその中で大人になる。その結果として、オランダの職場では、誰もが自分の意見を言える雰囲気があるのだと思う。

息子のユリウスは3歳にしてもう、自分にとって何が大事なのかをきちんと表現できるじゅうぶんな言語技術を身につけていた。最近では、ユリウスがしたいと思っていることを相手に受け入れてもらう方法を教えている。これは、合理的な考え方を学び、実践するのに役に立つ。それは3歳の子どもに折り合いをつけることを学ばせることでもあり、物事の良し悪しの境界線の決め方を教えることでもある。だから、どうにも一筋縄ではいかない。

ユリウスが親の権威について聞いてくるときは、たいてい自分の権利を行使し、自分のやりたいようにやろうとしているときだ。こうした交渉技術は大人になったときに、周囲のプレッシャーに屈せず、自分の意見を主張しなければいけないときに役に立つだろう。

私たち夫婦には、子どもと折り合いをつけ、話し合いをするときに共通のルールがある。それは、親の立場をきちんと説明し、それを子どもにわからせるということだ。たとえば「なぜ子どもが早く寝ないといけないのか。それは、じゅうぶんに体を休めて、背の高いオランダ人のように大きく強くなってもらいたいから」という風に。その代わり、息子の考えつくさまざまな反論にも付き合わされる。

息子は私たちが子どもに対してもきちんと敬意を払い、中傷せず、真摯に向き合うことをちゃんと知っている。だからこそ、自分の言葉に冷静に根気強く耳を傾けてくれると信じ、話をしてくるのだ。

子どもと話をしながら折り合いをつけていく子育てはとても疲れることだし、忍耐が試される。

小さな子どもと議論をすると、ときどきイライラさせられることもある。しかし、私たち夫婦はそれを実行している。自分の主張をきちんと述べ、何でも物事を率直に話す。オランダ人になるというのはそういうことだと思う。

そして、オランダ人が世界で一番幸せと言われる理由はここにあるのだと思う。オランダ人のようになりたいのなら、どこかで行動を始めねばならない。それなら、まず家庭から始めるのが良い。

Column

前向きに子育てをするための「トリプルP」

オーストラリア人によって考案された「前向きに子育てをするためのトリプルP」は、子どもの心の問題を防ぐことに効果がある子育てプログラムとして世界保健機構から推薦されている。これはオランダ政府によっても大いに奨励された。

このトリプルPには5つの基本原則がある。

1　安全で魅力的な環境をつくること
2　前向きに学習できる環境をつくること
3　明確な首尾一貫したしつけをすること
4　現実的な期待感を持つこと
5　親として自分自身をケアすること

以下がそのサイトに掲載されている、明確な首尾一貫したしつけに関する内容だ。

「一部の人の誤解に反して『しつけ』というのは悪い言葉ではない。実際のところ、安全で落ち着いて愛情にあふれた環境での『しつけ』とは、ルールを守り、他者からの信頼を得て、自制心を養い、自分の感情を表すときほかの人のことを考え、自分の取る行動には責任が伴うのだという認識を促すことを学ぶのに役に立つ」

首尾一貫したしつけのために親は次のことをするといい。

- 何事も前もって準備しておく
- 基本的なルールをつくっておく
- 明確で落ち着いた指示をする
- 良い態度を褒める

7. 人生で大切なことは自転車から学ぶ

どうしてオランダでは「強い子ども」が育つのか　by Michele

家の向かいにある公園から、白い巨大なショッピングセンターまでは、自転車専用道路が伸びている。子どもたちの通う小学校は、その自転車専用道路を1キロほど走ったところにある。

私たちの前をヘレーンの息子のエリアスが自転車で走っていた。長女のイナはエリアスと並んで走っている。私も自転車で後からついていき、イナに注意しながらヘレーンと話をした。

よく晴れた夏の朝のせいか、その広い自転車専用道路は混んでいた。同じ時間帯に通学路がごった返すことのないよう、この付近の小学校の登校の時間は少しずつずらされている。それでもイナの学校の子どもたちだけで、じゅうぶん道はごった返していた。

オランダでは、荷物や子どもを乗せるために大きなカートの付いた自転車がよく走っている。そのカート付き自転車を蛇行させて走るお母さん、猛烈にペダルをこぎ、自転車専用道路からはみ出す4、5歳の子ども、ハンドルから手を離して競争している大きな男の子たち。そんなあらゆる障害をよけながら、私たちもその道を自転車で走り抜けた。

この自転車専用道路は平坦な道で、スクールバスは走っていないし、わずかな駐車スペースさえない。さらに、この道には、学校まで続く低速走行ゾーンがある。だから、この町で子どもたちを学校へ通わせるには、自転車が最善の方法ということになる。

オランダ人にとっての自転車は、かなり早い子どもの時期から、主要な移動手段だ。

8歳になったイナは、自転車で1人で学校まで行きたいと言うようになった。おそらく2年前からお兄ちゃんが1人で学校へ行くようになったからだろう。イナのクラスメートのエリアスも、ここ数か月ほど1人で自転車で通うようになっていた。

エリアスとイナが一緒に自転車で行く話をしていたので、それはいい考えだと思った。子どもがもっと自分に自信を持って、学校まで親の監視なく自分で自転車で行ける歳になるまでは、こうして親と子の鎖をゆっくりと伸ばして少しずつ子どもが自立できるようにするのがいい。

オランダは自転車とともに生きていく国

4歳になった息子のベンが初めて幼稚園へ行く日、自転車で行きたいと言い張ったことを今でも覚えている。ベンは明るい赤色のレインコートに黄色いリュックサックを背負って、補助輪付きの自転車に乗った。それからすぐにこの補助輪は外されたが、子どもを補助輪なしの自転車に乗る気にさせるには、ほかの子どもが颯爽(さっそう)と親の手助けなしに自転車に乗っているのを見せるのが一番効果的だ。

親が自転車に乗る子どもの背中や肩を片手で押して優しく誘導しながら自転車に乗っている姿を道端でよく見かける。一部の国では違法とされていることもあるが、自転車に乗りながら手をつないだり、男性の手首を女性がしっかり握りしめながら並んで自転車に乗っている光景は、オランダで目にすることのできるロマンチックな光景の1つだ（オランダ人は普段あまりロマンチックなことをしないけれど……）。

オランダ人の子どもは、生涯を通じて自転車と付き合う。オランダ人の親は何気なく赤ちゃんと一緒に自転車に乗っているが、そのしぐさは端から見るととても大胆で無謀に見えるようだ。赤ちゃんたちはずいぶん小さいときから、親が仕事へ行くときに親の抱っこ紐の中に入って自転車で移動する。私も、家の近くの赤ちゃんプール教室へ行くとき自転車を使ったが、満面の笑みを浮かべ、髪の毛を風になびかせながら前にぶら下がっている息子に慣れるまでに少し時間がかかった。

赤ちゃんが大きくなると、自転車の前に赤ちゃん用の椅子をつける。もっと大きくなると、後ろに子ども用の椅子をつける。あるいは最高に快適な「カート付き自転車」というものもある。

ベンが3歳で、イナがまだ赤ちゃんだったとき、安定しているけれど重い3輪の自転車にするか、運転のしやすい2輪の自転車にするか迷った結果、値段は高かったけれど、2輪のカート付き自転車を購入した。夫は高級品を好むというオランダ人らしくないところがたまにある。その点では彼のもつハンガリー人とドイツ人の遺伝子を責めたくなるのだが、結局、彼の選んだ最高級品のスカイブルーモデルを購入する羽目になった。

新しく購入した自転車は重くて幅を取るので、上手く乗れるようになるまで苦労した。しかし2~3週間もすると、がっしりしたオランダ人ママのように乗りこなし、子どもたちを乗せたり、1週間ぶんの買い物の重たい荷物を乗せてもふらつかなくなった。そうなるまでにはかなり練習が必要で、とくに太鼓橋の上を自転車で登るのは大変だったが、なんとかできるようになった。車が渋滞して大変なときも、このカート付き自転車は、快適な自転車専用道路が整っているのでとても実用的だ。

外国から来る友だちは、私の家の裏庭に駐輪してある自転車の数の多さをよくからかう。子どもが大きくなり、カート付き自転車で移動できなくなると（私の場合は、文字通り重すぎてひっくり返り、身動きが取れなくなってしまった！）、それを売って今度は子どもと大人の2人乗り自転車を購入した。カート付き自転車は幅を取るけれど、2人乗り自転車は後ろに長い。そのため2人乗り自転車は、車、トラム、人通りの多い道やアムステルダム駅などの狭い道の間を運転しやすくちょうどいい。

自転車好きが幸せの秘訣？

オランダ自転車連合は「自転車に乗ることは人を幸せにし、健康的にしてくれる」という理由で自転車に乗ることを推奨している。

たしかにほかの先進国と比べても、オランダでは自転車に乗ることが、子どもの肥満率が低いことの一因となっている。また、運動で、人を幸せにするエンドルフィンが放出されることは周知の事実だ。ユトレヒト大学の研究者によると、自転車によく乗る人は乗らない人よりも長生きをし、平均余命が6か月は長くなるとしている。

オランダの平均的な日常を見ると、老若男女500万人の人が自分たちの自転車で1400万回も行き来をしている。そしてオランダには、オランダ国民よりも100万台も多くの自転車が存在する。駅の自転車置き場はものすごく巨大だが、それでも自転車を駐車する場所を探すのに苦労することがあり、ラッシュアワーには頻繁に自転車の交通渋滞が起こる。

ピート・ジョーダン氏による『In the City of Bikes（自転車の街）』（2013年）は、オランダ自転車の歴史に関する情報の宝庫だ。この本によると、ジョーダン氏が初めてオランダに着いたとき、外国人にありがちなのだが、うっかり自転車専用道路に立ち、自転車にひかれそうになったらしい。ほかにも、自転車文化に憧れアムステルダムへ引っ越しをし、さまざまな自転車に乗っている人々に魅せられ、独自に調査を始めた経緯などが書かれている。

オランダでは、自転車で重いスーツケースや家具、大きな植木鉢を運ぶ人々に出会う。さらに驚くのは、アイロン台など、ありとあらゆるものを自転車で運ぶ姿がよく見られることだ。このことがオランダ人にとっていかに普通の行為であるかをすぐに悟った、とジョーダン氏は書いている。

歴史的に見ても、オランダ人は自転車で重いものを運ぶ達人だ。たとえば、1917

年には、オランダ人兵士が自転車をこぎながら金管楽器の演奏をする「オランダ兵士行進バンド自転車」がつくられた。オランダ軍は今でも自転車を搭載したファンファーレ・バンドを持っている。

概して、オランダ人にとっては、自転車の後ろに誰かを乗せて走ることなど朝飯前なのである。ほかのヨーロッパ諸国の多くでは違法になっていることもあるが、オランダでは自転車の2人乗りは誰でもしていることだ。

イギリスでの2人乗りは、チャイルドシートが取りつけられた自転車のように、2人乗ることを目的とした自転車のみで許される。しかしオランダにおいて自転車の2人乗りは、子どもたちに交通に対する大事な認識を養わせている。なぜなら子どもが自転車を自分で乗るようになるときには、バランスやスピード感覚、そして周りの交通に対する感覚にもう慣れているからだ。

前章でも書いたように、オランダでは安全に整備された中で少しずつ社会との接点を取るということが、教育のポイントのようだ。

子どもがこうするべきだという常識にはあまり囚われず、この年齢までにできていなければいけないという指標にも重きを置かない。その代わり、親は子どもが次のレベルへ上がる準備ができているか、本人がやりたがっているかどうかに目を配る必要がある。親が押しつけるのではなく、子どもが自分から実行するときに初めてベストな成長をすると考える。こうしたオランダ人の考え方は自転車に乗ることだけでなく、トイレトレーニングや水泳練習のときにも見られる。

子どもの忍耐力を育てよう

オランダでは9月から1月まで土砂降りの雨が規則的によく降り、2月と6月もよく雨が降る。冬の平均気温は摂氏2～6℃くらいで強い風が吹く。

そんな風や雨の中で自転車に乗ることはあまり快適ではないけれど、オランダ人は子どもには暖かい服、防水のフード付きジャケットとズボンを着せるなど、天候に合わせた服装をして、どんな天気でもお構いなく勇敢に、年がら年中自転車に乗っている。

私の夫は雪や吹雪のときでさえ自転車に乗ろうとし、私にもそのコツがわかるように話してくれた。ある程度は、転んだり滑ったりすることも考慮に入れながら、マウンテンバイクであれば、ギアーをローギアーに設定するのがコツだという。

そうはいっても、ほとんどのオランダ人の自転車にはギアーはないので、古いバックブレーキを使うが、それは雪や氷の上を走るのにはあまり向いていない。カート付き自転車の場合はギアーが付いているし、その自転車自体の重さのおかげで道路表面をしっかりつかむことができ、比較的運転がしやすい。

あらゆる天気の中を自転車で移動することは、まさに人格を形成する経験そのものだ。オランダに住みはじめて最初の数年は、「向かい風の中で自転車に乗る」ことしか考えていなかったが、いったん乗れるようになると、自転車に乗ることは、気持ちと同時に体力との戦いの日々でもあるとわかった。どんな天気でも自転車に乗るオランダの子どもは、そうやって、どんな困難にあってもくじけない勇気を学んでいるのだ。

人生も同じで、いつも太陽や虹の出ている天気のいい日ばかりではない。雨が降る日もある。こうして子どもは諦めないことを学ぶのだ。『タイガー・マザー』の著者エイミー・チュアも述べていたように「毎日何時間も楽器の練習をさせることにこだわった。そうすることで子どもたちに何かを学ばせたかった」というのはまさにこのことだと思う。

どんな天気でも学校まで自転車で行かせることは子どもの忍耐を養うし、その忍耐と幸せにはたしかな関連性がある。バルセロナ大学の研究者によると、忍耐力のある人ほど人生に高い満足感を持ち、感情をより上手にコントロールできるようだと報告されている。

雨に濡れて帰ってきた子どもたちを家に入れ、服を脱がせ、温かいお風呂に入れたことは何度もあった。どうしてもそうしなければいけない状況であれば、子どもはただ単にそれを受け入れるものだ。あるオランダ人の子育て本には、「子どもが学校へ自分で行くときに雨だろうが風だろうが重いリュックサックを持っていようが、それをかわいそうだと感じるべきではない。その代わりに、子どもは責任感と自立心を養うことができる」と書いてあった。またこの著者は、「もし子どもがお弁当を忘れても、それを届けるべきではない。そして、決して子どもを車で送り迎えするべきではない」とも書いている。

子どもたちにとっての「安全」とは？

イギリスやアメリカの親は、小学生の子どもが学校へ行くときに、自転車や徒歩よりも安全という理由で、車で送り迎えをしている。すばらしい自転車天国のオランダから見れば、これは自転車の利用を制限し、安全性にこだわりすぎているように見える。

2、3年前にロンドンへ引っ越しをしたオランダ人の友だちアンネは、彼女の経験を次のように話してくれた。

「アムステルダムにいたときと比べて、子どもの自由度は減った気がする。残念ながら子どもが自分で自転車に乗って移動するのは危険すぎると感じるわ。この危険というのは、交通量の問題ではなく、自転車が道を走ることに車を運転する人が慣れていないし、自転車専用道路が少ないからよ。オランダの場合は、車の運転手自身が自転車にも乗るのでよくわかっているの。

子どもと一緒に道を自転車で走ったけれど、緊張した。子どもたちには自転車用ヘルメットをかぶらせているわ。子どもたちは『オランダでは必要なかったのに、なぜロンドンで必要なの?』と聞いてきた。ロンドンでは自転車用ヘルメットをかぶらないとママポリスがやってきて捕まるのよ、と話したわ。私が自転車用ヘルメットをかぶらないで乗っていたら、そのことについて本当に腹を立てる人もいたから」

アメリカのある州と同じようにオーストラリアとニュージーランドではこの自転車用ヘルメットの着用が義務づけられている。イギリスでも着用が勧められていて、ほとんどの人はそれに従っている。だから、私がオランダへ引っ越してきたときには、自転車用ヘルメット、黄色い蛍光性自転車ジャケット、反射クリップと大気汚染用マスクを持ってきていた。

最初のころは何度か、自転車に乗るときにそれらを着用していたが、すぐに照れくさくなった。自転車専用道路があるこの自転車天国では、私のそんな姿は笑いものの対象だったからだ。自分の子どもたちには、しばらく自転車用ヘルメットをかぶらせていたが、あるオランダ人の親に「子どもは守られていないと感じたときに、もっと注意深くなるものよ」と教えられ、ようやくヘルメットの呪縛から解放された。

自転車が街の安全をつくっている

交通安全の研究を実施する団体によれば、幸いにも小さい子どもが自転車に乗って事故死する数はとても少ないという。安全な自転車専用道路が整備されたことで、1950年以降死亡率は著しく下がっている。

1978年には「Stop de Kindermoord（子どもの死亡件数を減らそう）」という団体が、子どもが安全に自転車に乗れるようロビー活動を行ったり、1万5000人のサイクリストを集めたデモをアムステルダムで企画したりした。同じころ、反体制文化プロボや国立自転車連合などのグループも、もっと自転車環境について整備されるよう騒ぎ立てた。その結果、自動車道とは別に自転車専用道が敷設され、運河には自転車用の橋が架けられ、自転車駐輪用の柵もつくられた。そしてオランダの街や都市内へ車で乗り入れることが制限されはじめたのである。1990年中ごろには自転車インフラがかなり改善され、アムステルダムでは29％の人が自転車に乗り、自動車に乗る人が24％下がったという。

オランダの自転車の歴史にも浮き沈みはあったが、いつも自転車はそれを上手く切り抜けていた。オランダ人が発明した泥除けを除けば、自転車はほかの国で発明されたものだが、オランダ人はすばらしい自転車インフラをつくり出した世界的先駆者だ。

最初の自転車専用道がつくられたのは、1885年ごろ、ユトレヒト市にあるマリバーン通りだという。初めのころ、自転車は余暇のためのものとして使われはじめたが、1930年代の不況の年になると、自転車は安く便利なものとしてオランダの標準的な交通手段となった。

一方で、イギリスでは人口のたった8%の人だけが自転車に乗り、5~10歳の子どもの場合は2%だけ、11~15歳の子どもの場合は3%だけが自転車に乗って学校へ行っている。

最近のロンドンでは、高速自転車ネットワーク「Cycle Superhighways（サイクル スーパーハイウェイズ）」などの新たな取り組みによって、もっと自転車を利用しようという動きもある。

旧友の中には熱心にサイクリングを始めた人もいるし、子どもを学校へ自転車で連れて行こうとする人もいる。それでもまだイギリスの自転車専用道は、交通事情やさまざまな点から車線に「はじき出され」、不適当に切り離されることがあるし、自転車による死亡事故は、ヘッドラインニュースとして取り上げられる。

自転車に乗ることが市場に波及し、子どもが自転車に乗っても安全になるように道が整備され、より多くの人が自転車に乗り、車がより少なくなることが望まれている。しかしその道のりはまだ遠く、イギリスはこの点においてオランダから多くの学びがありそうだ。

自分で間違いをさせ、学ばせる

娘のイナと、友だちのエリアスの後ろを自転車でこぎながら、私はエリアスのお母さんのヘレーンと情報交換をしていた。ヘレーンは先週、学校が終わった後に、初めてエリアスを1人でおもちゃ屋さんへ行かせたと話してくれた。ヘレーンはとても心配し、1時間経ったころ様子を見に出かけようとしたら、エリアスが帰ってきたという。

少し時間はかかったものの、エリアスの初めての1人での買い物は成功だった。でもヘレーンは、子どもに1人で何かをやらせるその過程は、かなりストレスがかかると、打ち明けてくれた。

私も同意見だ。でも子どもに自立を教えることは、自分のことはきちんと自分でできる若者に成長させるためには極めて重要なことだと思う。それに子どもが自立することは、親にかかる負担を軽くもしてくれる。つまり、もし子どもの学校やクラブ活動などの送り迎えが必要なくなれば、時間に余裕がないとか、そのことによって感じるストレスから解放され、親はもっと幸せでリラックスしていられる。そして子どもが本当に助けの必要なときに、全力でサポートすることができるのだ。

親は、いつも近くにいるわけではないので、子どもが絶対に事故にあわないようにするのは無理だろう。しかしそうなったときに、その場に迅速に駆けつけられる距離にはいる。こうすることで、子ども自身が危険な状況に反応できるよう成長を促し、ただ闇雲に大人の言うことだけに従うことのないように学ばせる。親にとっては過剰な心配を捨て去り、子どもにとっては自分で間違いをさせ、学ばせる。これがオランダ教育の基本方針なのだ。

子どもは、自分で経験をしなければ、交通の難しさに直面することがまったくなくなるだろう。一般的に「身を守るための知識」と言われるこのアドバイスは、潜在的に潜む危険な状況を子ども自身に対処させ、子どもが外出するとき、どうやってリスク評価を行い、どうやってトラブルを避ければ良いか学ばせる、というものだ。

オランダ人の子どもが、たいてい小学校よりも遠い場所にある中学校へ行くころには、適度な交通量や、混んでいる自転車専用道路で自転車に乗ることにはすでに慣れている。たいていの小学校では、最後あるいは最後から2番目の学年で、自転車能力プログラムが行われる。そうして子どもが遠い距離まで自転車に乗りはじめるようになると、交通事情にどう対応したらいいのかを訓練されるようになる。

そのプログラムでは論理的テストはもちろん、交通ルールや標識も学ぶ。さらに、すべての子どもが自転車で学校へ通うころに、スポンサー協力による「自転車の日」というものがある。そこでは、オランダ交通協会がブレーキ、ライト、反射板などをチェックし、検定証を発行してくれる。そして必要な場合は、自転車修理のために有志の親が引っ張り込まれることもある。

国王一家も自転車に乗る

ヘレーンと一緒に自転車に乗ってから数か月して、長男ベンの中学校が始まった。中学校はベンの第一希望だった映画や演劇の勉強ができる新しい学校で、家から30分自転車に乗り、その後フェリーに乗ってアイ川を渡ったところにある。

おもしろいことに、ベンの大事な登校初日は、オランダ国王ヴィラム・アレクサンダーの長女アマリア姫と偶然にも同じだった。ベンがジーンズにパーカーを着て本の入った重いリュックサックを背負って自転車に乗って出発するころ、アマリア姫もジーンズにパーカーを着て自転車に乗り、同伴者もなく出発する姿がメディアで特集されていた。アマリア姫も、学校へ通うほかのオランダ人の子どもと同じように見えた。私はベンのことを心配していたけれど、国王と女王のアマリア姫への心配に比べたら大したことはないのだろう。

国王一家が自転車に乗る姿はよく見られる光景だ。1930年代、当時のヴィラミナ女王は政治首都であるデン・ハーグでよく自転車に乗っていたし、第二次世界大戦中、オランダ国王一家が避難していたロンドンでも自転車に乗っていた。戦争が終わり、オランダへ戻ってくると、戦後復興期の間、国民の必要なものを査定しながら国中を自転車で巡回した。ヴィラミナ女王の娘のユリアナもこの先例に従った。

現在の国王である「ヴィラム・アレクサンダー」と「自転車」でインターネット検索してみると、国王や家族が自転車に乗っている写真がたくさん見つかるだろう。ある写真では、ブロンドの髪をした笑顔いっぱいの国王の子どもたちが自転車の後ろに乗っているものもある。これらを見ても明らかなように、オランダ人にとって、自転車は貧しい人が乗るものではなく、すべての人にとって最高の交通手段なのだ。

自転車を通して見えた長女の成長

ベンが学校へ行きはじめて2週間目に「ACT」と呼ばれる謎めいた授業を時間割表で見かけた。びっくりしたことに、それは、学校周辺の道路の安全を学ぶために行われる授業だった。

子どもたちは、自分の自転車経路によってグループ分けされ、地図上で、学校へ行くルートにある危険な交差点や障害物に印をつけ、その写真を撮り、どうやったら安全に通学することができるか話し合う。この子どもたちの提案事項はまとめられ、地元の地方議会に提出される。

これはすばらしい授業だと思う。というのも自分たちの通学路で危険な場所を認識し、それを解決することを積極的に学べるからだ。

もちろん今では、ベンは1人で通学し、そして今度はイナが自分で自転車に乗りたいと強く要求しはじめた。私はイナに、エリアスや同じ方向に住んでいるクラスメートと一緒に通学してはどうかと提案した。

ある週末、イナは友だちの家まで自転車で行きたがったが、行き方が正確にわからないという。そこで「じゃあ、ママが私の自転車の後ろからついて来て、もし道を間違えたら教えてくれるというのはどう?」とイナが提案してきた。私はその提案を受け入れ、道々で、娘にはライフセーバーがいるのだと意識させながら、彼女の自転車の後ろをこいだ。

左に曲がるときに振り向きざまに最後のチェックをした。イナの友だちの住む家の近くに着くと、大通りは工事のためにバリケードで囲まれていた。するとイナは自然ともう1つ先を左、次の交差点を右に行って反対側から回って大通りにたどり着いた。

イナの年齢でこのような行き方を考えつくことは難しいことだと思ったが、イナは立派にそれに対処したのである。

8・子どもに自由を与える前に必ず教えること

オランダの子どもは外で遊ぶのがあたりまえ by Michele

――『インデペンデント』２０１５年12月3日付
「4歳児を1人で外で遊ばせた罪に問われた母親」
男の子が家から37メートル離れたところで1人で遊んでいると近所の住民から通報がありり母親が逮捕される。

——『ケープ・コッド・タイム』2015年10月9日付

ノース・トルーロ：マサチューセッツ州オルリアンズ市裁判所の記録によると、ニューヨーク出身の親が8月に7歳と9歳の子どもを1時間ビーチに置き去りにした嫌疑で11月に召喚される予定。

ピーター・ブリューゲルが描いた「子供の遊戯（1560年）」という絵をご存じだろうか。その絵には200人以上の子どもが街のあちこちで遊んでいる様子が描写されている。

絵の中には、どっしりとした立派な建物が描かれているものの、道は整備されておらず、土がむき出しになっている。子どもたちは、竹馬やおもちゃの馬、人形、ジャック、フープ、棒切れなどを手にし、馬跳び、目隠しごっこ、かくれんぼなどをして遊んでいる。木に登ったり、逆立ちをしたり、砂の山をよじ登っている子どもたちもいる。小さな女の子たちは、クルクルと回り、スカートをふわふわさせて遊んでいる。

じつに80種類以上の遊びがこの絵には描かれているが、この絵の中のどこにも親の姿が見えないのだ。絵の最前面で樽に乗っているのは10代の子どもだろうか？　それとも、大人だろうか？　この絵の中に自由に遊んでいる子どもを監視する親の姿があるだろうか。いや、それはなさそうだ。体を寄せ合う子どもに青いコートをかけている大人の女性が1人だけいるが、監視しているというよりはむしろ子どもと一緒に楽しんでいるように見える。

ブリューゲルはこの絵の中で、大人にとって仕事があるのと同じように、遊ぶことは子どもにとって大事な仕事であると示していた。

16世紀は遊ぶことの重要性がちょうど激しく議論された時代だ。哲学者エラスムスの影響を受けた人道主義者たちは、子どもが親の監視なしに1年じゅう自由に外で遊ぶことを奨励した。

しかしそれにはいくつかの例外があった。教会や墓場で遊ぶこと、道で大騒ぎすることは禁止されていた。しかしそれ以外は、いつどこで何をしても子どもたちは自由だった。

17世紀から18世紀にこの低地オランダを訪れた外国人は、オランダ人の子どもが親から思いやりを持って尊重されていることに驚いたという。

１７２３年にライデン市を訪れたスイス人植物学者であり生理学者のアルバート・ハラーは『Die Jugend is ungeschliffende（未訳：若者はわがままだ）』という本を書いている。ハラーは、子どもが自由を謳歌しすぎ、大人に対して生意気で無作法で育ちが悪いと思っていた。おそらく今日オランダを訪れる外国人は、オランダ人の子どもに対して同じようなことを言うかもしれない。とくに公園で見られる光景は、まるでブリューゲルの絵のようだと思う人もいるだろう。

公園だらけの街、アムステルダム

私たちの住む1棟二軒家とテラスハウスの前には、間に合わせの庭用家具、砂場、子ども用プールが置かれ、おまけに自転車がいっぱい停められた広い歩道がある。あまりの物の多さに、まるで障害物競走のコースのようだと思う。

このあたりの住人の大半は若い家族で、子どものものであふれかえったその歩道を歩くことはほぼ不可能に近かった。ある夏の日には、近所の人が居間の家財道具を通りに出していたことがあった。けれど、たまにしかない晴れ間をぬって、ソファやダイニングテーブルや肘付き椅子を全部運び出そうというのは無理があったのではないだろうか。コーヒーテーブルやテレビが、窓からケーブルでつながれたままぶらさがっていた。

小さな子どもたちは、そこで絵を描いたり、水遊びをしたり、三輪車、人形、おもちゃの車などで遊んでいた。子どもたちの母親は、少し離れたところでおしゃべりしたり、コーヒーを飲んだり授乳をしながら座っていた。家の中は見えないのでわからないが、もしかしたら何か大きな工事をしていたのかもしれない。

近所にはノーデル公園という大きな公園がある。その公園は、輸送用に使われる運河の東西と住宅地を垂直につないだ細長い形をしている。

私たちの家は、控えめな外観ながらも、中にはBBCのSFドラマ「ドクター・フー」に出てくる「次元超越時空移動装置」のような空間が広がっている。これが典型的なオランダ式の家だ。通りから見ると2階建てのように見えるが、中には地階へ降りる階段があり、その先には裏庭が広がっている。しかし、裏庭といっても本当に小さい。

ある家族は、裏庭をおもに保管場所として使い、ある家族は、親がゆっくりのんびりできる場所として使っていたりする。でも個人的には、その庭の狭さこそ、家の前に地域の交流の場所や街の中に公園をつくる理由になっていると思えてならない。

アムステルダムには各通りの隅っこに小さな公園があり、街全体でいうと、全部で1300個ほどの数になるそうだ。最初に公園が建てられたのは1880年で、第二次世界大戦後には多くの公園がつくられた。その後、車の数の増加にともない、子どもが外で安全に遊べるところが減っていった。

たくさんある公園のうち　860個は、建築家アルド・ファン・アイクが都市モダニズムにインスピレーションを得てデザインした。彼のデザインした公園は、アーチ型をした金属製のジャングルジム、平行棒、滑り台、バネのついた遊具だ。

こんな公園の1つが我が家の近くにもある。最近の公園は木製のジャングルジムや、砂場や水場が配置され、自然を感じられるようにトレンドが変わってきている。このトレンドの発想は、子どもはドロドロに汚れて遊ぶべきだというところからきている。我が家の近くにある泥遊びができる公園がその良い例だ。そこはよく水びたしになり、どの遊具も膝の深さまで水の中に浸かるのだ。そのため「水の公園」と呼ばれている。

親から離れて平気で遊ぶ子どもたち

家の前の通りでは、赤ちゃんが道をハイハイし、小さな子が騒いでいる間、4、5歳の子どもたちが道の反対側にある公園で遊ぶために道を渡り、公園にあるくねった木に登っていた。実はこれは息子がよく落っこちた木でもあったが、それは息子だけのことではなかった。この木は何年も近所の子どもたちにとても人気のある遊び道具だった。しかしそこにフェンスをつくったり、地面に保護用ゴム板をつくったりして子どもを保護しようなどとは誰も考えていなかった。

その横には監視付きの子ども用プールや、広い草で覆われた広場や砂場もあった。その公園では、たいていたくさんの子どもたちが遊んでいるが、親の姿はあまり見かけない。どうしてだろうか？

ブリューゲルの時代のように、外で遊ぶことは、今でもオランダの子どもにとってあたりまえのことで、さらに、どんな天気のときでも外で遊ぶのがオランダ人の特徴の1つでもある。

子どもは雨の中でも外で楽しそうに遊ぶし、スポーツをするにしても悪天候のために中止されることはほとんどない。もし外が濡れていれば、オランダ人は防寒用フードつきジャケットを着るだけだ。イナの場合は一度だけ、サッカー場に雷が落ちる恐れがあるという理由で、2週間に1回通うサッカーの練習が中止になったことがある。オランダ人はおしゃれな服を着ていても、雨の中で片手に傘を持って自転車に乗る。

何事にもうろたえず、たくましく、どんなときにも備えができ、「分相応に暮らし、状況をあるがままに受け入れる」ことが大事だとオランダ人の親は口にし、子どもにも同じことを求めている。子どもに対して平等な役割を与え、早いうちから自立し、責任感を持つよう教えられる。親の監視なく外で遊ぶということは、子どもに独立心を教え、鍛えるための通過儀礼でもあるのだ。

時間管理だけはしっかり教える

オランダ文化といえば、クチャクチャのブロンド髪をした子どもが楽しそうに外で遊んで、バラ色のほっぺをしているのが理想的なイメージだ。

外で遊ぶことが、親の言いなりになったり、カウチポテト族のようなメディア中毒になることへの防御手段と見なされている。オランダ人の親は子どもが犬のように毎日元気に走り回る必要があるとも思っている。

近所の子どもの中にはもっと早い時期からそうしている人もいたが、私の子どもの場合は6歳から1人で公園へ遊びに行かせた。オランダ人の親が子育てのときにどんな本を参考にしたかについて調査しはじめたとき、『En Als We Nou Weer Eens Gewoon Gingen Opvoeden（未訳：もしまた普通の子育てを始めるなら）』（2003年）というタイトルの本が何度も話題にのぼった。その本には、少しのルールはあるものの、親の監視なく子どもを遊ばせる穏やかな子育てについて説明されている。

「子どもが4歳になると『外で遊ぶ』ことができる年齢になったと言える。この『外で遊ぶ』というのは、ただ家の庭で遊ばせることだけではなく、ジャングルジムや砂場のある公園や、家々の間の路地や、通りなどで遊ばせることを言う。しかもそれは自分1人で、親のいないところで」

この本の著者のフェデマ氏とワーグナーさんは、親の監視なく子どもたちがお互いにふざけ合うことは、子どもの社会的成長のために良いと主張を続けている。

「子どもは議論をし、自分たちで問題解決することを学ぼうとするので、親が心配しすぎたり、子どもの周りをやたらと付きまとったり、いつも子どものことを監視するようなことは、神経質で用心深い子どもにするという悪影響を与える。それよりも、子どもが出かける前に明確なルールを一緒に決め、時間管理にこだわる方がいい」と著者はアドバイスしている。

偶然だが、私も初めて子どもたちだけで公園へ遊びに行かせたとき、きちんと自分たちの腕時計で時間を確認するか当てにできなかったので、家のキッチンタイマーを45分にセットした。

親に対する一般的なアドバイスは、まず子どもに干渉せず、慎重な目で見守ることだという。私の場合は、家の出窓から子どもたちを見守っていた。

自分で楽しみを見つけられる子どもに育てよう

ある調査によると、子どもたちが一緒に外で遊ぶことは社会的利益があるという。アムステルダム大学で都市地理学者として教鞭をとるリア・カーステンさんは、「都市において、厳しい親が車や自転車に乗ってずっと子どもに付き添うことは『社会的貧困』を招く。なぜならそれは、普通に生活していれば街で見かけるような異なる社会階級の人たちと、子どもたちがまったく交流しないことを意味するからだ。田舎では、今でも村の広場で農場労働階級の子どもが医者の子どもと一緒に遊ぶなどあらゆる社会階級の人との交流が可能だ」ということを見出している。

たしかに私が知るリベラルな考え方を持つオランダ人の親の多くは、違う社会や民族背景の中で生きている子どもたちを、一緒に遊ばせることが良いことだと思っているようだ。

もしかすると転ぶかもしれないし怪我をするかもしれないけれど、子どもを自由に歩き回らせることが良いことだとオランダ人の親は誰もが思っている。

ルート・フェーンホーフェン教授は「オランダ人の子どもを幸せにすると思ったこと」について私とリナに説明してくれたとき、このことを「自立の練習」と呼んでいた。

フェーンホーフェン教授は、子どもを抑制しすぎたり保護しすぎたりすることは間違っており、子どもが転んだら自分でどうやって起き上がるのかそれを自分で学ばなければいけないと言った。

「もし子どもが一度も転んだことがなかったら、どうやって転ばないようにすればいいのか学ぶこともできないでしょう」

そして、子どもが退屈するのを受け入れることも大事だ。そうでなければほかにどうやって1人で遊ぶことを学ぶというのだろう?

親の役割はいつも子どもを楽しませることではない。子どもは自分で楽しみを見つけ、つくり出す必要がある。それは子どもの持つ独創性と創造力を刺激するだろう。もし子どもがこうしたことを学ばなければ、ロンドンに住むセルマの息子の友だちのように、おもちゃと友だちであふれた家にいても、30分で遊ぶのに退屈するような子どもになってしまうだろう。

子どもを1人で遊ばせていると通報される？ *by Rina*

昨年このコテージに引っ越してきた日は、子どもたちを自由にのびのび育てるオランダ流子育ての始まりの日だった。

大きな庭はフェンスで囲まれ、トランポリン、砂場、かくれんぼをするための木や茂み、そして転げ回るための広い芝生がある。でもユリウスはそれよりも、家の前を通る5歳くらいの子どもたちが自分1人で自転車に乗ったり遊んだりする姿に釘づけになっていた。ここでは、子どもを楽しませつづけなければいけないと私が心配する必要はなかった。

ある日、ユリウスが安全であることを確認してから庭に1人残し、私は引っ越し業者が荷物をほどいて家の中に入れるのを手伝った。夫のブラムと私は、10分おきくらいに息子の様子をチェックした。ユリウスは新たに手に入れた開放感のため、ひどくはしゃいで家の中を私たちと同じように出たり入ったりしていた。

最近のユリウスは、こうして1人で庭で遊んでいる時間が多い。もし、ここがアメリカやイギリスだったら、近所の誰かがこの状況を見て通報し、大問題になるかもしれない。

皮肉なことに、今日のアメリカ人の親の多くは、自転車に乗ったり、親の付き添いなく公園や通りで遊んだり、今のように制約のない自由な子ども時代を謳歌していた。

オバマ大統領（当時）は「親の許可があれば、子ども1人で学校まで徒歩やバスや自転車で行かせることを国は許可し、その子どもの年齢に適切だと思う方法で、親が責任を持ち、安全に通学させるのであれば、それに対して告訴してはいけない連邦法」に署名をした。しかしこの法律は、州法と現地法については何の効力も持たない。だから結局は、各州でこうした親の行為を犯罪扱いできてしまうのだ。

もし、お節介なご近所さんが「子どもが1人で学校へ行くには小さすぎる」と感じ、警察や子ども保護サービスに電話をしたら、子どもは親のもとから引き離され、親を逮捕するために告訴をされる可能性がある。けれど、そんなことはオランダでは決して起こらない。

子どもは1人でいると本当に危ないのだろうか？ by Michele

夏休みに娘のイナを連れてロンドンへ行き、大学時代の友だちであるヴィッキーと、彼女の2人の子どもと一緒に過ごした。彼女の息子のリレイとイナはすぐに意気投合した。子どもたちがハムステッド・ヒースの公園でボールを蹴って遊ぶのを見ながら、私たちはイギリスとオランダの子育ての違いについて話をした。

イギリスに来て気がついたのだが、公園では多くの親が子どもの周囲をウロウロとしているか、あるいは子どもたちと一緒に遊んでいる（1週間後、友だちのポールと、彼の小さな娘と一緒にヴィクトリア公園へ行ったときにも同じ光景を目にした。ポールはあたりまえのように「子どもを親の目の見えないところにやるなんてありえないよ」と言った）。私のようにヴィッキーもイギリスでは子どもに対する自由がほとんどないと感じているようだ。

「リレイはどうしても自分が独立したいと思っているのよ。彼はこのことを真剣に問題にしていて、7歳にしてははっきりと主張するの。子ども扱いされることを窮屈に感じるみたい。『どうして1人で外に行ったらいけないの？　お母さんは僕がどこにいるかわかっているし、僕もお母さんがどこにいるかわかっているのに！』と彼は言ってくるの。でも彼を1人で外へ行かせるわけにはいかないわ。たとえ息子のことを信頼していても、この国ではそうはできないのよ」とヴィッキーは言った。

ヴィッキーはあるとき運転中にトイレに行きたくなり、車を止めて降りなければいけなかったという。そのときも「車にロックをして、近くにいた人に私が帰ってくるまで車の中にいる子どもたちの様子を見ていてもらうようお願いしたの。おそらく、私のしたことは違法であるとは思ったけれど」

子どもが責任を持って振る舞うことを学ぶよう、子どもに自由を与えることは、イギリス人にはあまり受け入れられないようだとロンドンに引っ越したオランダ人の友だちも話してくれた。

「8歳の子どもが家まで1人で歩い帰ると、道で何度も『パパかママはどこ?』『何かあったの?』と聞かれるよ」と、3人の子どもを持つ男性ジャーナリストは話してくれた。彼の奥さんは私の友だちのアンネといって、彼女もまたこの状況に不満を抱いていた。

「11歳になる娘は、1人で通学していたの。すると周りの人が、自立した娘さんですごいわねと言うのよ。でも、彼女たちの顔からは恐怖の表情を見て取ることができたわ。でもそのうち娘を1人で行かせている理由がわかってもらえると思うわ。だって娘はとても『賢明でしっかりしている』んですもの。だからこのまま彼女を1人で学校に行かせる。だって娘のチャレンジを見守ってあげたいから。娘が初めて自分1人で外出して

Column ベンとイナのお気に入りの外遊び

「Speklapjes（スペックラッピエス）」、これはオランダ語で「ベーコン」のことだが、イナのお気に入りの外遊びでもある。遊び方はこうだ。

何人かの子どもの中から1人、ゾンビ役になる子を選ぶ。その後ほかの子どもたち（＝一切れのベーコン役）がなるべく早く逃げ回り、それをゾンビ役の子どもが捕まえる。もし捕まればその子どももゾンビ役になる。こうして「一切れのベーコン役」の子どもがいなくなったらゲームは終了。

ベンのお気に入りの外遊びは「捕まるか、よけるか」というものだ。遊び方はこうだ。

まず、それぞれの子どもが黙ってゲームでターゲットにする子どもを選んで、その選んだ子どもに対して近づくのか離れて動くのかを決める。対戦相手を捕まえるか身をかわすことで最初のラウンドが上手くいけば次のレベルへ進み、またほかの人を選ぶ。もし身をかわそうとしている誰かに捕まったり、誰かを捕まえようとしたのに相手が身をかわし捕まったら、それで負け。

このゲームはどう見ても正直性が問われるが、ベンが言うには、ゲーム中に嘘をつく人は誰もいないという。

も、大人がうるさく干渉してきたり、どうして1人でいるのかと聞かれることの方が怖かったと言っていたわ。ここでは『悪い連中』や『通り魔』についてたくさん心配しないといけないのよね」とアンネは言った。

規則や規制だけでは子どもを守れない

休暇を終えてオランダへ戻ると、アムステルダムで働くベルギー人の哲学者で、精神科医でもあるダミアーン・デニス氏のインタビューをテレビで放送していた。彼はオランダで感じた魅力についてこう話していた。

「いたるところに広がる水辺、そしてとても自由なところに感銘を受けました。オランダ人は危険を防止するため、水の周りに柵をつくる代わりに、子どもに泳ぎ方を教えるんです」

これは彼のたとえ話だ。彼が言いたいのは、オランダでは果てしない自由があるにもかかわらず、きちんと社会が保護するような仕組みがあるということだ。

「現在、私たちは規則や規制であらゆる危険を取り除けると思っているが、恐れに対してはもはや対処することはできないのだ」とも言っている。

私の友だちであり、かつての同僚であるマデアと会ってコーヒーを飲みながら「子どもに対する親の心配」についての話題がまた上がった。マデアの双子の子どもが小さいときに、彼女と彼女のパートナーは北アムステルダムにある新興住宅地に引っ越した。彼らの家の後ろにある建物と、家々との間にある深くて塀のない溝のことなど、彼女は子どもに起こりうるあらゆることを心配していた。

「常に子どもたちに目を配らなければいけないなんて、実際のところかなり息の詰まる考え方ね。とはいえ、私は何でもコントロールしたい性格だから、1週間に一度だけ子どもを保育園に預けることさえ難しかったわ。でも今では、子どもに危険について注意した後、親の監視なく自分たちだけで外で遊ばせようと意識的に決めたの。親が何でもかんでも把握せずに子どもたちが自分たちでできるというのはとても良いことだと思うわ」と、マデアは言った。

また別の日に、友だちのアルウエーンの母親、パウリーンさんに、彼女が子どもだった1950年代の子育てはどんな雰囲気だったのかを聞いた。

「私の子ども時代はとても自由だったわよ。私はアムステル川近くの南アムステルダムで育ったの。日曜日はたくさんの子どもと自由に歩き回ったものだわ」

私は続けて「どこかへ遊びに行くとき、パウリーンさんのお母さんはいつもきちんと子どもの行き先を把握していたのですか」と尋ねた。

「いいえ、違う街へ行ったりアムステル川で泳いだりボートに乗ったり、自分たちの行きたいところへ行くことができたわ」

「それは何歳のときですか？」

「4歳くらいのときから。当時、私は姉と一緒に幼稚園へ15分くらい歩いて通っていたわ。学校まで自転車で行きはじめたのは中学生になってからね。私たちの自転車は地下室にあって、中学生になるまでは自分たちでそれを取り出すことができなかったの」

それからアルウエーンが、自分の経験を話しはじめた。アルウエーンが子どものころは、どこへ行くのか誰と一緒なのかを母親のパウリーンさんに言わなければいけなかったという。でもパウリーンさんが把握したいのはそれだけで、そのほかのことはあまり気にしなかったので、かなり自由だった。アルウエーンは村の広場や公園などへよく遊びに出かけ、子どもたちと森をぶらぶらしていたという。

ただ彼女の家の近くは車の多い通りだったので、道を渡るときには注意が必要だった。そこにパウリーンさんが割り込んできて「私が子どもたちに道の渡り方を教えたのよ。1人で外出させる前に、自分できちんと道を渡れるようになったことを見届けてからゴーサインを出したわ」と言った。

次に小児性愛についての話題になった。するとパウリーンさんは「大人が子どもを誘拐することは実はとても簡単なこと。だから知らない人には用心深くなるよう、知らない人からお菓子をもらってはいけないとか、人はときには嘘をつくことがあるから決して知らない人ついて行ってはダメと子どもたちに言い聞かせていたわ。それでもそういう事態に出合ってしまう可能性はあるかって？　それは本当に不運としか言えないわね」と言った。

現在アルウエーンはアムステルダムに住んで2人の息子を育てているが、そこは彼女が子ども時代を過ごした静かな場所よりも、もっと交通量が多く、にぎやかなところだ。アルウエーンは子どもが小さいときには自動車事故に遭う危険性を心配し、どこか外へ遊びに行くときにはどこへ行くのか定期的にチェックしていた。でも今は「私たちが子どものときに謳歌した自由を自分の子どもにも味わわせてあげることが大事だと思う。そして親から見えないところで遊ぶことも大事だと思う」と言っている。

彼女の長男ラッセが8歳のとき、1人で自転車に乗ってテニスやホッキーに出かけるようになった。ラッセは古いタイプの携帯電話を持っていたので、家へ帰るときにはお母さんに電話をすることができた。ラッセは今10歳だが、ときどき1人で学校から帰ってきたり、親が帰ってくるまでお留守番していることもある。おばあちゃんであるパウリーンさんが「子どもにそうした責任感を与えることはとても必要なことよ。でないと大きくなってから自分で何もできない子どもになってしまうからね」と付け加えた。

オランダ人の子どもは、中学校へ行くころまでに、独立心を持って、自分のことは自分できるようになる。それくらいの歳の子どもたちには、放課後のクラブ活動などはないので、学校から自分で家に戻り、働いている親が帰ってくるまで1人でお留守番をしなければいけないのだ。

アルウエーンの長男が9歳で次男が6歳のとき、1時間または1日中、子ども2人だけでお留守番をしたことがあったという。そして、まだ夜に子どもたちを置いて出かけたことはないが、来年あたりから始めてみようと思っているという。アルウエーンは「何か起きたときにはものすごく罪悪感を感じてしまうと思うけど」とも話した。

一方イギリスでは、子どもがどの年齢まで1人でいるのはいけないと法律で定められているわけではないが、もし子どもが危険な状態に置かれていたと判断されれば、親が子どもを家に置き去りにした罪で起訴されることがたまにある。

つまり、危険の要素を少しでも残せば騒ぎになってしまうのだ。小さい子どもを持つイギリス人の友だちは、近所の人が来て「今後、あなたの6歳の子どもが親の同伴なく1人でベランダで遊んでいるのを見たら、当局に通報する」と脅してきたと話した。オランダではこのような状況は馬鹿げたことだと思われる。

パウリーンさんは自分の娘たちに、火事になったときにどうやって家から逃げ出すのかを教えていたと話してくれた。娘たちの寝室が屋根裏部屋にあったので、緊急のときには窓から逃げ出すために縄はしごがあった。

娘たちが10代になったある週末のこと、パウリーンさんとご主人は子どもたちを家に置いてベルギー南東部にあるアルデンヌへ出かけた。しかしそのときにアルウエーンが病気になってしまった。しかし当時は携帯電話などなかったので、子どもたちはパウリーンさんたちとすぐに連絡を取ることができなかった。そこでアルウエーンのお姉さんは、機転を利かして自分でかかりつけ医師に電話をし、何とかその状況を切り抜けたそうだ。

パウリーンさんは、子どもたちが賢明な判断で自分のことを自分でできるよう教えるというすばらしい子育てをちゃんと実践していたのだ。

心配しすぎは積極的にやめる

このところオランダの交通量の多い地域では、自転車に乗っている子どもの数は少なくなり、子どもをもう少し保護しようという動きがあるのは事実だ。しかしこれは、イギリスやアメリカのような過保護な心配とはまったく違う。

オランダ人の親は自分が小さいときに親の監視なく自分たちだけで自由に遊んでいたので、今でも意識的に自分の子どもにも同じようにさせようとしている。だから、ここまでご紹介したオランダ人の親たちは、子どもが水のそばや森で遊んだり、交通量の多い自転車専用道で自転車に乗ることを心配はするけれど、そうした自分たちの心配を広い視野で見て、理不尽な理由で子どもから自由を取り上げたり、制限したりしないようにしているという。

はたから見ると、のんびりおおらかに見えるかもしれないが、子どものために自分の不安を意識的に捨て去る決心をしなければいけないオランダの子育ては、実は親にとってはかなりチャレンジのいることなのだと思う。

前にも述べたように、オランダ人の親は、子どもへの危険性を気にしていないと言っているのではない。英語圏の親と同じように、オランダ人の親も危険性を気にするが、もう少し良識的にその危険性に対応しているのだ。

私が毎週通っているヨガ教室で「子どもにどこまで好きなようにさせるか」という話題が上がった。このヨガ教室には3人のママがいる。18歳の息子を置いて旅行に出かけたばかりの経験豊富なママと、小学生になったばかりの息子を持つ若いママと、中学生になったばかりの息子を持つ私の3人だ。みんなそれぞれ子どもとの新しい問題に直面しており、これからどうするべきか情報交換した。

「子どもが次のステップに進むたび、子どもを自立させるということを親は学んでいかなければいけないのよ」と子育て経験の一番長いママが話したが、その通りだと思う。

自分で危険に対処する方法を教えよう

国土の4分の1以上が海抜以下にある水の国オランダでは、すべての子どもが小さいときから自転車に乗ることを学び、自転車検定試験を受けるのと同じように、泳ぐことを学ばせるよう強く勧められる。というのも、オランダはいたるところに深い運河や排水路があるからだ。

すべての子どもに学校水泳教室が導入されたのは第二次世界大戦後のことだ。子どもたちはみんな、7、8歳のころに「全国共通水泳資格A」を取る。この資格は、ただプールの中で長い距離泳がせるだけではなく、洋服を着て泳いだり、水中にあるプラスチックシートの穴をくぐるなど水の中でトラブルにあったときに生き延びるための基礎的な技術が含まれている。これは、水のあるところで安全に子どもを遊ばせるための賢明で理にかなったやり方だ。

子どもを外で自由に遊ばせることでどのくらい多くの深刻な事故が起きるのか知りたいと思い、アムステルダム大学病院で頭部外傷の治療にあたる神経学者のヤヌケ・ホーン医師に連絡を取って話を聞くことにした。

彼女が言うには、多くの事故は家庭内で起きるという。「もっとも多いのは家の階段から落ちることです。事故の多くはこうした些細なことが原因で起きるんです」と彼女は言った。

私は息子のベンが数年前に家のソファから落ちて指の骨を折った話をした。「それはよくあることですね。子どもの事故を防ぐためには、子どもを外で遊ばせたり、自転車に乗せるのをやめさせるよりも、階段を降りるときに子どもがちゃんと手すりに捕まるように教えることの方がずっと有効的なんですよ」と、ヤヌケ医師は続けて言った。

最近の親は細菌についてもよく心配している。でもオランダ人はほかの西ヨーロッパ諸国に比べると、子どもを細菌から保護しようという考え方にはあまり取りつかれていないようだ。オランダ人のお母さんが床に落ちた飴を拾って子どもの口にいれる姿を初めて見たとき、祖母が「ちょっと汚いくらいが抵抗力をつくるから大丈夫よ」と言ったことを思い出した。

一方で、小さい子どもを持つドイツ人とアメリカ人の友だちは、衛生について気になって仕方がないようで、子どもの触ったボトルやおしゃぶりなどあらゆるものをずっと消毒していた。オランダ人は一般的に、食べ物やお菓子を少しばかり床に落としても、5秒位内に拾えば、また口に入れても大丈夫と考えている。つまり細菌と接触することは子どもの免疫システムをつくり出すのに必要で、普通のことだと考えているのだ。当然のことながら、オランダの医師は、ほかのヨーロッパ諸国に比べて抗生物資を処方する回数が少ない。

いったい本当の安全とは何だろう？　身の周りにはどれくらいの危険が潜んでいるのだろうか？

家の前では、親がその場にいなければ、よく知っている近所の人が注意して子どもたちを見ていてくれる。学校では、小児性愛者やいじめについて子どもたちに教える時間があり、日常的にも自分で「やめてちょうだい！」ときちんと言えるよう、そしていじめられている人を見たら手を貸して助けるように教えられる。

イギリスでは子どもの虐待や誘拐や殺人に関して、タブロイド紙が、番犬のように騒ぎ立てているが、オランダではそうした問題についても、メディアが国民を著しく不安に陥れるようなことはない。

「子どものことを心配しない親はどこにもいない。世の中はジャングルのような無法地帯なのに政府はそれについて何もしてはくれない」と、あるイギリス人が言っていた。

クリスティナ・ハーデイメントさんのすばらしい歴史調査『Dream Babies: Childcare Advice from John Locke to Gina Ford（未訳：17世紀イギリス哲学者ジョン・ロックから作家ジーナ・フォードまでの子育てアドバイス）』（２００７年）という本の中で、彼女は現代のイギリス国内には、何でも必要以上に騒ぐ問題が蔓延（まんえん）しているとコメントしている。

そうすることで子どもは単なる被害者ではなく、加害者ともなる。テレビ番組では悪い例の子どもに対してわざと厳しく脅かすような助言が映像で取り上げられ、政府は財務削減し、少年犯罪をシングルマザーのせいにしている。そして何よりも、家の外は危ないと感じるよう親は脅かされている。

きちんと調査されずに広がるおそろしい話や、悲観的に紹介される統計資料や、歴史的に見てもっとも健全だったこの四半世紀ではなく、有史以来もっとも危険で悪化し歪んだ世界の中で子どもたちを育てていると簡単に信じ込ませるような噂に、私たちはひどく翻弄されている。

アメリカの小児科医師ベンジャミン・スポック博士は「のびのび育児運動」の父として知られている。これは子どもがそれぞれの年齢に適切な方法できちんと独立できるように教えようとするものだ。１９９２年に編集された彼の有名な子育てマニュアルは、健康と安全について多くの新しいアドバイスが含まれているのだが、そこには当時の文化的プレッシャーがよく反映されている。そこでは、水道水にバクテリアや硝酸が入っていないか検査をし、ベビーベッドの羽根板の間隔は6・3センチ未満にすることを親にアドバイスしていた。

先述のクリスティナ・ハーディメントさんが示しているように「世界が安全になればなるほど、親の私たちの心配は増えていく」ようだ。これに加えてハーディメントさんは、赤ちゃんや小さい子どもの亡くなる一番の原因は自動車事故だとも指摘している。それならばなぜ、イギリス人の親は学校まで子どもを自転車や徒歩で行かせずに車で送り迎えをしているのだろうか？

この行き過ぎた安全意識は、故郷にいる私の義理の妹の経験にも一致する。彼女のSNSにはこんな記事がアップされている。

「今日学校から帰ってきた娘がこう言った。もう学校の運動場では側転や逆立ちをしてはいけなくて、その規則が『縄跳び、プラスチックでよく弾むボール、絵の描いてあるボールで遊んではいけない』という学校の規則リストの上に加えられた。これは健康と安全を考慮してのことなのだそうだ」

私たちは、親の監視なく自由にボール、縄跳び、竹馬、ホッピングなどで遊んで育った世代だ。何が変わってしまったのだろうか？　私が義理の妹に「どうして学校でそんな妄想が生まれるの？」と聞いたところ、学校側は訴えられることを心配しているのだと彼女が答えたのにはびっくりさせられた。

訴訟などはアメリカでよくありそうなことだと思っていたが、イギリスに住む義理の妹にも、第三者に対して損害賠償訴訟の支援を申し出る勧誘電話がいくつもの会社からあったという。イギリスでもこんなに商業化された訴訟が一般的なものになったのだろうか？　このせいでもっと警戒心を引き起こすのではないか？

義理の妹の話とオランダの場合を比較したとき、オランダはスイスに次いでもっとも保険加入者が多い国だという記事を目にしたことを思い出した。オランダでは不意の痛みで倒れたり、花瓶をひっくり返してしまった場合も個人の損害賠償保険でまかなう。

前章の繰り返しになるが、オランダ人は常に小さいこの国で肩を寄せ合って生きていかなければならなかったので、協同と協議というポルダーモデルを持っていた。そんな中でお互いを訴訟し合うことは利口とは言えない。このことが健康と安全に関してオランダ人の親が子どもの楽しむことを阻止させない理由となっているのではないだろうか?

子どもから自由な時間を奪わないで!

オランダ人の子どもに多くの自由な時間があるのとは対照的に、過密スケジュールの中で育つイギリス人やアメリカ人の子どもにはほとんど遊ぶ時間がない。彼らはピアノのお稽古、サッカーの練習、宿題、ドラマ、バレー、チェスクラブ、そして放課後に家庭教師をつけたりしているからだ。どの子どもも、適切な学校、適切な大学へ行くための履歴書づくりに奔走しているというのに、いったい誰が友だちと遊ぶ時間を持つことができるというのだろう。

実は、上昇志向の強い親こそが子どもの幸せの邪魔をしているのかもしれない。外で遊ばせないことは子どもの成長を妨げるとオランダ人は思っている。子育てはのびのびするべきというと、心配しすぎる過保護な親のことをさげすんでいるように思えるかもしれないが、のびのびと子育てをすることは子どものためでもあることは間違いない。

１９６０年代からなされている調査によると、一番幸せで成功している子どもの多くは、親が子どもの遊びたいところで自由に遊ばせ、子どもの権利をきちんと尊重していたケースだという。しかしその間、親は子どもの求めることに耳を傾け対応しつづけなければならないのだ。

ベンとイナの小学校は、できるだけ子どもを外で遊ばせることを重視していた。5月の試験週間では、子どもたちはいつもにも増して外でよく遊ぶ。そして、同じく秋の試験週間には全国的な子どもウォーキングイベントがある。

このイベントは、ほとんどの小学校が参加しており、4人グループで4日間連続歩くというものだ。小さい子どもは5キロ、大きな子どもは10キロ歩く。私はこのイベントの話を聞いたとき、自分の子どもたちには参加させなかった。それは試験の週だったし、イベントに疲れ、夜は興奮して眠れないのではないかと思ったからだ。しかし、次の年からは考えを変えた。というのも、そのイベントは試験のストレスの良い気晴らしになるとわかったからだ。

イナは友だちと参加し、途中でありとあらゆるいたずらをし、そして歩くというよりはむしろ走っていたようだった。このイベントのおかげで、子どもは有り余ったエネルギーを発散させ、翌日試験に静かに臨むことができた。

6歳から私の子どもたちは学校のお泊まり旅行に出かけるようになった。最近イナが参加した学校のお泊まり旅行は大成功だった。森の中の家に2泊し、博物館へ行ったり、たくさん外で遊んだり、焚き火をしたり伝統的な夜のパーティーをしたりした。

この夜のパーティーは、子どもたちが、順番に歌やダンスやコントを披露したり、手品など何かしらのパフォーマンスをするようにけしかけ合う。最後の夜には、新曲の(親としてはちょっと気にいらない歌だが……)「グミーベアー」という歌に合わせて先生や校長先生も子どもたちと一緒に夜中まで踊ったという。イナはそうしたことを、家に帰ってきて夢中で話した。

オランダには、ひ弱な都会の子どもたちのために、休暇を利用した伝統的なキャンプ行事があり、そこにはあらゆる家庭環境の子どもたちがやってくる。こうしたキャンプが最初に行われたのは1940年代だった。ボランティアによって運営され、キャンプ・アグネスが田舎で起こしたのが始まりとされる。ベースキャンプは子どもたちが思いっきり自由に遊べる森の隣につくられた。

このキャンプでは木に登ることに対する規制は何もない。そこでは子ども向けのさまざまな催しがあり、原っぱでサッカーやバレーボールをして遊ぶほかにも、シャッフルボードやチェスゲーム、そして卓球などのゲームでいっぱいのテントが用意されている。送迎バスが街の中に住む子どもたちをいくつかの集合場所で拾い、また夕方にバスで家まで送ってくれる。これは、働かなければいけない忙しい親にとっての夏休みの問題を、一挙に解決してくれる助け船でもある。

最新のケンブリッジ大学の調査では、子どもを自由に外で遊ばせないことへの危険性を強調している。教育学部のデービッド・ホワイトブレッド教授はこう言っている。

「交通、犯罪、誘拐、細菌の危険性に対する認識、そして学業の激しい競争環境で『より早く取り組めばより良い結果が出る』などと強調され、遊びというものが子どもから取り上げられている。しかし幼児教育に携わる私たちの多くは、子どもが遊びを通して学び、それが子どもの達成感と幸せを長続きさせる結果になるということをわかっているのです」

9・シンプルな暮らしは幸せを呼ぶ

オランダ人の休暇の過ごし方に学ぶ　by Rina

「農場へキャンプに行くんだ！」と、ユリウスが何度も大声で言った。

私たちはオーガニック製品を扱うある農場へ向かっていた。私のブログに掲載することを条件に、家族でこのグリーン農場で過ごす体験に招待されたのだ。

この農場は、アムステルダムから北に45分ほどのところだが、その田舎風の雰囲気は私たちを別世界へ連れて行ってくれた。

私がこの仕事を引き受けたと夫に話したとき、彼は大笑いで「君がキャンプをするの？　しかも農場で？　共同のシャワー室しかないし、ルームサービスも、毎日きれいなベッドカバーやタオルに変えてくれるサービスもないことをちゃんとわかってる？」と言った。でも私はこの自由な週末旅行の機会を諦めたくなかった。

オランダ人にとって休暇に出かけることは人生にとってなくてはならないものだ。平均的なオランダ家庭ではだいたい年に3回くらい休暇を取る。そして、1回の休暇で3～4週間は休むのが普通だ。これはイギリスではありえないことだし、まして共働きがあたりまえのアメリカではなおさらのことだ。

「アメリカ人は働くために生き、ヨーロッパ人は生きるために働く」という決まり文句はよく知られているがそれは本当で、オランダ人は長期休暇と次の長期休暇の間でさえも、長い週末休暇を取って出かける。

サンフランシスコ湾岸のコンクリートジャングルで成長した私には、キャンプの経験などほとんどない。キャンプのために休暇を取るなんて、保守的な私の親には理解できなかったのだろう。近代的で快適な生活をなぜわざわざ手放すの？　と彼らは思っていた。私の親にとって休暇とは贅沢をすることであり、キャンプファイヤーや野宿をすることではなかったのだ。

人生でたった一度だけ行ったキャンプは、学校行事だった。カリフォルニア州のオクシンデンタル近くにあるカリタス・クリークで5日間過ごした。これは8年生（日本でいうところの小学6年生）に上がるための通過儀礼だった。そこでは自然の美しさに感銘を受ける一方で、ひなびた感じの山小屋の不快さと、共同のシャワー室の不便さを楽しむ気分にはなれなかった。

でも今回は違う。私は家族でキャンプをするという考えにわくわくしていた。フクロウに遭遇したり、動物たちが夜中に奇妙な音を立てたりするのはあまりうれしくないな、とは思っていたが、それぞれのテントに個別のバスルームがあるとわかり安心した。

キャンプがシンプルライフの象徴

オランダ人にとって、キャンプ旅行は国民的行事と言える。オランダ人の子どもにとって必須のものとも考えられているこのキャンプ経験を、息子のユリウスにもさせたいと思っていた。

オランダでは学校休暇が始まると、道は車で大混雑する。オランダ観光局によると、オランダ人のうち85万人が国内のキャンプ場で過ごし、190万人が海外にキャンプに行くと推測している。

彼らの車のトランクにはハイネケンビール、オランダチーズ、パン、チョコレートふりかけ、ジャガイモ、ソーセージ、ピーナッツバターがいっぱいに詰められている。これさえあれば快適な生活を過ごせると同時に、節約にもなるからだ。自分のお気に入りブランドのトイレットペーパーを持参する人もいるという。

キャンプという概念は、イギリスからオランダに輸入されたのだが、今ではオランダで爆発的な人気のレジャーとなっている。

1925年オランダで初めて開かれたキャンプ場はヘルダーランド州のフィールハウテンというところだ。また、1947年創業のキャラバンカーメーカーのキップ社は、現在でも好調なビジネスを続けている。

親友のエイバウトとヨップと夕食をとっていたとき、キャンプの話題になった。私は彼らにオランダ人の視点でキャンプについて説明してほしいと強くお願いした。彼らは2人とも大学で歴史学を学んでいたこともあり、このことについて初めから終わりまで喜んで話してくれた。彼らの話の中には「文化の融合」についての指摘もあった。

「オランダ人はどうしてそんなにキャンプが好きなの?」と、私は彼らのグラスにビールをつぎながら聞いた。「キャンプ休暇は経済的な過ごし方だよね」と、エイバウトは魚介のパエリアを皿に取りながら説明してくれた。それにヨップが付け加えた。

「オランダ人は倹約家なんだよ。キャンプは家族で楽しめる倹約的なレジャーなんだ」

子どもに「倹約」を学ばせる

「倹約」とは、オランダ文化やオランダ人の社会的ポリシーのあらゆる点に浸透している考え方だ。たとえば、自分がいくら節約したかという話題が、みんなの興味をひいたりする。「倹約すること」をまるで観戦スポーツのように見なしているのだ。

またオランダ人は、プレゼントにどのくらいお金を使うのか、子どもにどれくらいおこづかいをあげたらいいかということに関して慎重である。どの年齢の子どもに、どのくらいのおこづかいが適しているか、家計のための国立研究所はガイドラインをネットで公開している。

私は、倹約を習慣にしているオランダ人は、ケチなのではないかと最初のころは思っていた。しかし、実に7年以上かかったが、オランダ人はケチなのではなく、金額に見合う価値を得ることを重視しているのだとわかった。つまり、オランダ人にとっては、たまたまキャンプがコストに見合う過ごし方ができる独創的な方法だったのだ。

ちなみにオランダ人は世界のどの国よりもたくさんチャリティーに寄付をする国民だし、3分の1の国民が何かしらのボランティア活動に参加している。

キャンプ旅行はお金を節約するためだけではなく、日常の生活から解放され、家族と一緒に自然に近い生活をするために行われる。最近は、キャンプ旅行をする人もだんだん減ってきているようだが、それでも、暖かい地方にも安く行けるようになったおかげで、キャンプは今でもボート旅行と同じように人気がある。

夫のブラムは生まれてから最初の10年間は、休暇のたびに両親と3人の兄弟と家族ボートに乗り、国内を縦横に駆け回る水の旅に出かけていたという。家族ボートは何年も楽しんで使いつづけることができるし、家族にとっての手ごろな宿泊所になる。これがオランダ人にとってのシンプルな休暇の過ごし方なのだ。

子離れのチャンス到来！

私たちが農場に到着すると、農場主のニッキーがどこからともなく現れた。ニッキーは、40、50代の優しい目をした女性で、長いブロンドの髪をおしゃれにふわっとおだんごにしていた。彼女は母なる大地をイメージさせる、自然な美しさを持っていた。まるでオーガニック食品のポスターに出ているモデルのようだ。

「少し歩きますよ」とニッキーは私たちの荷物を運ぶのを手伝いながら言った。私はいつものことだが、かなりの荷物を持ってきていた。

このキャンプ場には農作業場があり、まるでディズニーランドのアニマルキングダムと、大草原の小さな家を足して2で割ったようなところだった。テントの外にはヤギや馬のために牧草が積んであったが、木の柵で仕切られているだけだった。テントの真ん中に薪木のストーブがあり、オランダ風の二段ベッドが置かれていて、とても居心地が良く魅力的だった（こんなときにオランダ語では前述の「gezellig（ヘゼリッグ）」という言葉が使われる）。以前旅行したパリやサルデニヤやチンクエ・テッレと比べても、ユリウスはここでの休暇に興奮していた。子どもはどうやらシンプルなことを喜ぶようだ。

私は期せずして、このキャンプ中にオランダ流子育ての短期集中コースを受けることになった。オランダ流子育てを実践しようと意気込んできたものの、それまでの私は親の監視なく、子どもを1人で遊ばせることができなかった。相変わらず子どもから四六時中目を離さないようにする必要があると思っていたし、そうすることが良い親だと思っていたからだ。それに、目を離している間に子どもに何かあったら？　と考えずにはいられなかった。

この3年間、私は家や庭で、コソコソと自分の姿が見えないよう子どもの周りをうろついては、子どもを監視してきたのだ。しかし、このキャンプ場でそれをする余裕はなかった。たとえば夕食をつくるときは料理に集中しなければならない。同時に2つの場所に行くことなど不可能だった。ブラムは薪ストーブの火を点けるのに忙しく、私を手伝ってはくれない。

「そんなに心配することないよ」とブラムは私を安心させようとした。「子どもに好きなように遊ばせてあげれば大丈夫だよ。一番近い道路まで何キロも先なんだし」

夫は今まで、私が子育ての主導権を持っていることに何も文句を言わず、彼の国に住みながらも子育てに関しては私のやり方で進めてきた。この夫の言葉にも最初は耳を貸さず、見えないように子どもの後をこっそりとついて行った。

小さな納屋の中で、おもちゃの車を積んだ子どもサイズの手押し車を押しているユリウスを見つけた。ユリウスは新たに見つけた宝物を見せながら、そこにいる子ブタに話しかけていた。ユリウスはおもちゃを取り出して「ダンプカー！」と大声で言った。子ブタは興奮した様子でブーブーと鳴いた。ユリウスはまた違うおもちゃを取り出して「消防車！」という具合に繰り返していた。ユリウスは子ブタという新しい友だちに囲まれ、自分の世界に夢中になっていた。私は安堵(あんど)のため息をついて、息子のしたいように遊ばせた。

もし息子に私の助けが必要なら、ほんの15歩ほど先のところに私がいると息子は知っている。私は息子を1人残してテントへ歩いて戻った。ここでは子どもがニワトリよりももっとのびのびしているのだという、その考えに共感しはじめていた。

夫のブラムは2時間経ってようやく、火を起こして部屋を暖める方法がわかったようだ。私は野菜の下ごしらえに忙しくしていた。ジャガイモ、トウモロコシ、マッシュルーム、ベーコンに玉ねぎを家から持ってきた小さな鍋で料理するのに1時間半ほどかかった。これこそまさにスローライフというに違いない。

親たちがそうしている間、ユリウスはうれしそうにあちこちを歩き回っていた。キャンプ休暇が、子どもをのびのびと自由にさせるといった、オランダ流子育ての重要な要素をすべて満たしているとわかった。

ほかのお客さんの邪魔になるかもしれないなどと誰も心配しない。ユリウスがこのキャンプ場で唯一の子どもではなかったし、夕方6時になると5つすべてのテントは若い家族でいっぱいになった。私たちのテントは、4人のブロンド髪の子どもを持つ家族と、3歳の男の子と赤ちゃんを持つ家族に挟まれていた。大人は火を起こすことに躍起になり、子どもは笑ったり大声を出したりしながら農場を走り回っていた。誰もそんな子どもたちを心配したり気にしたりしていないようだった。

土曜日の夜、ニッキーが宿泊するゲスト全員にピザをご馳走してくれた。人見知りをするユリウスは、どこにも見あたらない。このパーティーに参加するようユリウスの説得を試みていた夫も、どこにいるか知らないという。私はニッキーにしきりに謝った。周りを見れば、ほかのたくさんの子どもたちがうれしそうに一緒に遊んでいた。

ニッキーはそんな私の戸惑いを察したのだろう。「ときどき親は、子どもの苦手なことや何かをじゅうぶんにできていないということを気にしすぎるのよね。でもそれぞれの子どもに、それぞれ独自の個性があるものよ」と口にした。

以前にも述べたように、オランダ人は相手が求めてもいないのに、自分の意見を述べる才覚がある。「ありがとうございます」と私がボソボソと言うと、彼女は事情はわかっているよという表情でこちらを見つめた。

そしてニッキーは「3歳らしくさせてあげたらいいんじゃない?」と付け加えた。私はニッキーの思いやりに胸がつまって涙が出そうになり、顔を背けた。オランダ人の物言いは遠慮がないかもしれない。でも彼らは驚くほど親切で、相手のことを理解しようとしてくれる。

この国では、子どもが大人のように振る舞うよりも、子どもらしくいたほうがいいのだ。私はユリウスがパーティーに参加しないからといって、誰に謝る必要もなかったのだ。

子どもの行事もシンプルに　by Michele

ベンとイナの誕生日会がどんなものだったか、思い出そうとしている。

ベンは10歳と11歳の誕生日を一度に祝った。なぜなら、ベンが自分の10歳の誕生日をスノーパーティーで祝いたがったから、10歳になっても誕生日会をせずに、冬まで待っていたのだ。残念ながらその年の冬にはアムステルダムに雪は降らなかったのだけれど。

ロンドンで子どもを持つ友だちは、誰にも負けない誕生日会をしなければいけないと考えている。私の小さいころは、お誕生日会といえば2、3人の友だちを呼んで、プレゼント交換をしたり、誕生日を迎えた子どもがケーキのろうそくを吹き消したりするようなものだった。でも、現在の誕生日会に対する人々の期待度はかなり上がっている。

イギリスに住む友だちは、息子の7歳の誕生日会で24人の子どもを水族館へ連れて行った。ほかの友だちは、ある会場を貸し切り、パーティーを開催した。ケータリングを含め、エンターテインメントに100ポンド（約1万9000円）も使ったそうだ。ほかにもピエロや、城型のトランポリン、手品師、人形ショー、芸をする動物に高いお金を払って貸し切ったという話も聞いたことがある。

その一方でアムステルダムに住む親はもっとシンプルな方法で誕生日会をするので助かる。

今日、ベンの誕生日会のために7人の男友だちを招待した。今のところ、ふざけて走り回ったり大声を出したりせずにみんなとても行儀が良く礼儀正しい。1時間前、彼らは地元のプールへ出かけた。夫が一緒について行って入園料を支払い、子どもたちだけ置いて戻ってきた。子どもたちは自分で戻ってくるからだ。

今、私たちはすることもなく、まるで「おまけ」のように座っている。10代の男の子たちのパーティーのお世話は大変に違いないと構えていたけれど、今日の誕生日会は今までになくリラックスしたものだった。

私たちからベンへの誕生日プレゼントは携帯電話だった。それは、ベンがこの1年間、私のお下がりのプリペイド式携帯電話をなくさなかったことへのご褒美だった。ベンはちゃんと自分の持ち物を大切にし、法外な料金になるような携帯電話の使い方をせず任せることができる、ということを証明したのだ。

先月、ベンは学校の友だちの12歳の誕生日会に呼ばれた。その誕生日会の女の子の家には8人の子どもが集まり、女の子が新しく飼いはじめたうさぎで午後の間ずっと遊んでいたそうだ。これぞまさに派手さはないけれど、子どもたちが本当に楽しめるパーティーなのかもしれない。

たくさん子どもが集まれば、子どもたちは手に負えないほど走り回ることだってある。そういうとき、親はどうやってこの事態を乗り切ろうかと頭を悩ませることは知っている。だからこそ、イギリス人はこうした問題を回避するためにお金をつぎ込みはじめたのだろう。

でも私たちは、8歳の娘の誕生日会でも、小さな子どもたちに好き勝手にさせたりはしなかった。私たちは物事をより簡単にする方法を見つけ出したのだ。たとえば2月生まれのイナは、前回の誕生日会を半年後の8月にした。そうすれば外で遊ぶことができると考えたからだ。

落ち着きのないたくさんの男の子と一緒に室内にいることは体力を消耗する。それは息子の5回目、6回目、7回目の誕生日会のときに、愚かにも夫の助けを借りずにパーティーを開いて苦労したことからよくわかっている（パパは家族の中でオプションであるという話は前にもした通りだ）。

今年は、ワイワイ騒ぐ子どもたちを田舎にあるサッカーゴルフ場へ連れ出した。サッカーゴルフとは見かけはミニゴルフのようだけれども、サッカーと同じルールで遊ぶ。そのコースはリサイクルのビンとタイヤでできていて、灌漑用水路で仕切られたなだらかな芝生を独創的に利用していた。ボールが溝に落ちると泥にまみれ、たくさんの笑いに包まれた。子どもたちは3時間走り回り、とても満足していた。ママとパパがしなければいけないことは点数をつけることだけだった。

外でのパーティーのアイデアはほかにもある。オランダ人がよくするのは木々から吊るした布飾りで自分たちの場所をつくることだ。そこにピクニック用のシートを敷いて、小さなパーティーコーナをつくり、バーベキューをする。多くの人がこんなことをして楽しみ、夏になると公園は小さなお祝いパーティーをする人であふれる。

Column 誕生日会のアイデア

子どもに人気があるので、イナは2回「ダンボール箱パーティー」を開催した。用意するものは、ダンボール箱（少なくとも子ども1人に1つ）、アルミの筒、シール、ペン、折り紙。子どもたちは自分たちで思いついたものをつくっていく。イナの友だちの中には宇宙船をつくった子どももいた。

ベンは2回「机工作パーティー」をした。用意するものは、文房具屋に売っている茶色い包み紙1本（これをダイニング机に敷いてテープで留める）、鉛筆、ペン、クレヨン、シール。子どもたちは自分で自由に作業を始める。

パーティーのアイデアはほかにもある。もし雪が降っていれば「スノーパーティー」ができるだろう。これは直前まで開催できるかどうかわからないという難点はあるけれど（ちなみに、子どもの誕生日が秋でも雪のある季節まで待てばいい）。雪でマインクラフト風ブロックや建物などを自分たちの好きなようにつくらせる。

イナの友だちのマデリーフは最近「プラスチックバッグ・パーティー」をしたそうだ。用意するものは、しっかりしたプラスチックバッグ、ハサミ、テープ。子どもたちはプラスチックバッグを紐状に切って、それをマットに織り込む。それができたら、マットに低温でアイロンをかけ（ここは親の協力が必要！）できたマットを切って縫って財布や鉛筆入れをつくる。

「スポーツデー・パーティー」というのもある。長いロープと何枚かの麻袋とチョークを公園へ持っていく。道の上にチョークで競争するときのためのスタートとゴールの線を描く。私の子どもたちは、人気のある綱引きや袋とび競争をした。

オランダのパーティーでよく行われる「クッキー食い競争」というものもある。これは、2本の木の間にロープを渡し、いくつかのジンジャーブレッドクッキーを吊るしておき、子どもたちが手を使わずに口だけで食べるゲームだ。

ティーバッグの紙を折って使う今までにないアートを創作した人もいる。それは「ミニチュア万華鏡折り紙」としても知られている。無駄にすることが好きではないオランダ人は空になったティーバッグや小袋を取っておいて、それで芸術的な作品をつくるのだ。ユーチューブにもいろいろなアイデアが出ている。

ちなみに、オランダでは7歳の子どもの誕生日会には7人の子どもを招待するというように、大まかに、子どもの年齢と同じ数の子どもを招待することが多い。そして学校の先生は、子どもに不公平を感じさせないように、パーティーの招待状はクラスの中ではなく、学校の始まる前か終わった後に渡すよう親や子どもに勧めている。

オランダ人は目立つことに興味がない

オランダの家族旅行や子どもの誕生日会がどうしてこれほど控えめなものなのかを理解するため、一般的なオランダ文化を見てみることにしよう。

オランダ人の倹約ぶりは生活のあらゆるところで見られる。オランダの家の見かけは質素だけれど、中に入ると広々としている。なぜこんな形になったかというと、17世紀のオランダ黄金時代の家の税金は、家の幅によって算出されていたからだという。だから後方に広く、背丈の高い幅の狭い家がつくられた。

アンネ・フランクが隠れていた小さい家の居間を想像してほしい。オランダの家の窓は大きく、曇り空でも光がたくさん入るようにしている。さらに、自分が隠すような金持ちではないこと（そして家がきちんと片づけられていること！）を示すかのようにカーテンは常に開けられ、レースカーテンさえもついていない。

『Moet Kunnen（未訳：これでいいのだろうか）』の著者ヘルマン・プライ氏はオランダ人を「とても平凡な人」と表現した。オランダ人はみんなと同じレベルでいたいという強い衝動がある。有名人を台の上に飾ることなど今までに聞いたこともなく、有名な貴族階級の人や政治家の像などはほとんど見かけない（像という意味で国民から慕われている人は、国民的歌手のアンドレ・ハーゼス、18世紀にイギリス人とフランス人と戦った海軍提督ミヒル・デ・ラウター、インドネシアの植民地ルールの不当性を暴露したムルタツーリなど、たいてい労働階級の人々だ)。スポーツ選手でさえ苗字ではなく名前で呼ばれ、目立った成績はなくとも競技を成し遂げたこと自体が称賛される。「人生において失敗したり劇的な試練を経験した人がよく取りあげられる」とプライ氏は書いている。

中世でさえ、オランダ人は目立たないことを好んでいた。イタリア人が金のボルケードに白鳥のついた華やかな衣装を着ていた一方で、オランダの中世商人は質素な黒い服を着ていた。オランダ人にとってこれには商業的に利点があったようで、人から妬みを買うこともほとんどなく、ビジネスをするうえでより良い関係をつくることができた。文化的に見てもオランダ人はお金に目を輝かせることはなかったようだ。

プレゼントの値段は10ユーロ以下

オランダの子育てに根づいた平等主義と共同体感覚は、オランダ人の強みの1つでもある。高い誕生日プレゼントやおしゃれな子ども服で隣人に勝とうなどとは考えない。子どもの友だちのプレゼントは10ユーロ(約1600円)以下のものにするべきだという暗黙の了解もある。

また、オランダの伝統的なクリスマスは、英語圏に蔓延した消費者主義とは逆行している。オランダの子どもにとって一番のお祭りは12月5日の聖ニコラスデーなのだが、その日のために誰が誰のプレゼントをつくるのか（買うのではなくつくるのだ！）学校でくじ引きをする。

子どもたちは、プレゼントを受け取る相手が喜び、びっくりするようなものをボール紙やペーパーマシェなどでていねいにつくる。イナは昨年、友だちからボール紙できた大きなエレキギターをもらった（それは今でもイナの部屋の半分以上を陣取っているけれど）。そして、このサプライズプレゼントの中には、ちょうど3ユーロ50セント（約570円）のプレゼントも隠されていた。それと一緒にイナの良いところと、悪いところを優しく冗談めいて書いた詩が贈られた。

家族で祝う聖ニコラスデーも同じようにする。誰が誰のプレゼントを買うかをくじで決め、詩をつくり、それを手づくりプレゼントに添える。食事もいたってシンプルだ。巨大な七面鳥ローストはなく、シチューやスープなど、何か簡単に準備のできるものとペストリーやお菓子が用意される。一番よく出されるのは、アーモンドペストリーやアルファベットをかたどったチョコレートだ。

おもちゃも洋服もリサイクルがあたりまえ

オランダの子どもは、成長する中でリサイクルのおもちゃを持つことに慣れている。毎年4月にある王様の日には道々に出るフリーマーケットが楽しみの1つだ。アムステルダムのフォンデル公園は巨大な屋外子どもマーケットに姿を変え、これはオランダじゅうの街や村どこでも同じようになる。子どもたちは使わなくなった洋服やおもちゃをそこで売り、売れたお金で今度は新しいものを購入する。これは私が今まで見た中で最善のリサイクル例であり、子どもに値段のつけ方、売買の方法、お金の管理の仕方を教えるのに最適な場だ。

もっと大規模なフリーマーケットもある。アムステルダム北部にはヨーロッパ最大級の蚤の市や、展示貿易センター「IJ-Hallen(アイ・ハレン)」があり、SNSで、アムステルダム・ヤードセールや子どもの洋服やおもちゃを安価に購入できるファミリー・マーケットの情報が流れる。

誰かのいらなくなったものを着たり使ったりすることはちっとも恥ずかしいことではないのだ。それは道理にかなっていることだし環境にも良い。

読書クラブで一緒のアニャには2人の息子がおり、新興住宅街付近にあるおしゃれな外装の家に住んでいる。アニャはネットでリサイクル品を購入することに夢中だと言っていた。アニャはリサイクル品を買うことで「身の周りの生活と自然の両方から環境に対する敬意と配慮」を息子たちに学んでほしいと思っていた。これは消費者主義の動きに押し流されないためにも良いことだと思う。

「幸せと美しさと平和は、すべてゆっくりとした生活からできていると思うのよ。何よりもリサイクルのものを購入するのはとっても楽しいことよ！」

10代の双子の子どもを持つマデアもシンプルライフの支持者だ。マデアはいつも子どもの洋服はリサイクルショップで購入し、また彼女自身も同じように育ったという。マデアの子どもたちは物をほしがらない。マデアがアメリカに住む弟を訪問したときには、あちこちで商業主義のにおいを感じたそうだが、彼女の生活にはそのようなことは見られない。

不平等こそが不幸のもと

多くのイギリス人やアメリカ人の子どもが成長著しい消費経済の利権に囲まれて育ち、最新のおもちゃやファッションをほしがる一方で、オランダ人の子どもはまだきれいなリサイクルの服を着て、リサイクルされたローラースケートを履いて外で遊んでいる。

私たちが幸せについて知っていることの1つは、不平等の少ない社会に住む人は、幸せを感じているということだ。『The Spirit Level: Why Equality is Better for Everybody（未訳：平等であることがなぜみんなにとって良いことなのか）』（2009年）という本の著書であるリチャード・ウィルキンソン氏とケイト・ピケットさんは「健康と同じように、幸せを感じている人は経済成長初期に増え、それから小休止状態になる」と言っている。また2人は、幸福に関してもっとも大きな負の影響を及ぼすのは、貧困ではなく不平等であるという主張を続けている。

多くの人にとって消費主義はその人のアイデンティティをつくりあげるのに密接に関連しているかもしれない。しかしおもにそれが導くのは「地位競争」だ。たとえばある人は「リサイクルされたものを使えば二流にみられる」と思っている。

ウィルキンソン氏とピケットさんは、不平等に関した多くの問題が地位不安に応じて生じ、不平等は子どもたちにとってもあらゆる問題を引き起こすだろうと説明している。

その問題には、子ども同士の衝突、仲間同士のつながりの希薄、学校の成績、子ども時代の肥満、子どもの道徳心の欠如、10代の妊娠といったものが含まれる。こうした問題は不平等社会や社会的地位が低いことによるストレスに反映され、家族生活や家族関係に入り込んでいるようだ。それゆえ、社会の不平等は、人間関係の質の低下につながり、好ましくないことだと結論づけられている。

この数十年間、ほとんどの先進国では貧富の差という不平等がもはや消し去ることのできないレベルで劇的に起こっている。しかしその一方で、オランダは独自路線を貫いているのだ。このオランダでは不平等のレベルは上がっていない。その理由のいくつかは、オランダ人が倹約を好み、見せびらかすことを嫌い、フラットな階級社会をつくろうとしてきたからではないかと私は思う。

オランダ人はお金や高級品ではなく、その代わりに時間を選ぶ国民だ。オランダ人の子どもが子ども時代に慣れ親しんだことは、生涯ずっと彼らの中に培われる。それは実用的で自分に自信を持ち、自分のいる地位に対する不安にさいなまれることのない確固とした人間性だと言える。

10．まずは、親が幸せな人生をおくろう！

自分らしいワークライフ・バランスを見つける by Rina

「オランダ人ママは私のようではない」という同じ結論にいつも達する。もっと正確に言うならば「私はオランダ人ママのようではない」。

オランダ人ママたちは、家庭と職場の両方の要望を上手く調整し、それだけでなくママ業以外で自分のアイデンティティをきちんと保っている。私はいまだに、そんなふうに落ち着いて、自信に満ちたオーラをどうしたら出すことができるのか、四苦八苦している。

『ニューヨークタイムズ』に掲載された「オランダ人女性はなぜうつにならないのか？」という記事に対し、オランダ心理学者のエレン・デ・ブラウンさんはオランダ人女性がうつになることがないというのは正しい言い方ではないが、オランダ人女性は世界のほかの国々の女性よりもずっと幸せではある、と主張する。

さまざまなオランダ人女性に対して細かい調査と綿密なインタビューをした結果、ブラウンさんは、オランダ人女性の幸せの秘密は、彼女たちが自由な時間を持ち、ちょうど良いワークライフ・バランスを保っていることが根底にあると強く主張している。この背景には、オランダ人ママたちがパートタイム勤務であろうと専業主婦であろうと、何も気兼ねすることがないことに一因があるようだ。

もしオランダ人の子どもが世界で一番幸せな子どもであるなら、そのお母さんたちもその評価に価する。オランダ人ママが見つけたという個人の自由とはいったい何だろうか？　アメリカやイギリスのような国で暮らすママたちは、まだそれを見つけられていない。どうしたらそれを学べるのか？　オランダのママたちもまた、子ども中心の子育てを実践しているようだが、同じ子ども中心主義でもアメリカ人ママとは何かが違う。

完璧ママからの脱却

多くのアメリカ人ママと同じように、私の母もマーサー・スチュワート（訳者註：アメリカのライフコーディネーター・クリエーター。「カリスマ主婦」とも呼ばれ、料理、園芸、手芸、インテリアなど生活全般にわたる分野で活動している）風に暗黙の了解の中で完璧な子育てを追求してきた。

母親とは、炊事・洗濯・子ども・夫のために年中奉仕するもので、たいていそれらのことは母親1人でするべきだというものだ。スーパーママには多大な尊厳と誇りが示され、自分自身に気を配ることなく自分の時間を犠牲にすればするほど、より良い母親になれるとされていた。

その考え方がほかのママと自分を比べることにつながり、子どもの活躍や失敗を自分の子育て、あるいはよその家のママの子育ての直接的な効果と見るようになった。

もともとは純粋に子どもにとって良いことをしてあげたいと思っていたはずなのに、それはしだいに「子どもを一番にしたい」という欲望に姿を変えていった。

私は、自分の子どもたちには違う現実を歩んでほしいと思っている。その方法を西ヨーロッパのこの小さな街で見つけたように思う。

オランダでは完璧なママなんて求められていない。

私はよく義理の母のマルシアから、私が何でもやりすぎるところがあるので心配しているよと忠告を受ける。母はこの本を執筆するにあたり、とても協力的ではあるが、妊娠後期に執筆を始め、今でも赤ちゃんと幼児の世話をしながら執筆をすることには賛成していないようだ。

不規則に長時間働き、誰かに呼ばれれば常に応じるような私や夫の仕事中心のライフスタイルは、母にはストレス過多に映るようだ。

たしかに、私たちの生活スタイルは、終身雇用契約でパートタイムで働くことが受け入れられ、休暇がきちんと確保されているようなオランダモデルからはかけ離れている。母はもう少し私たちがのんびりとするべきだと思っている。「自分の時間をつくることを忘れないでね。きちんと休んで回復する時間も必要よ。自分自身のこともちゃんと考えてね」と母はいつも私たちに助言する。

オランダ人ママは「すべてを持つ」ということの意味を再定義した。彼女たちは子どもとたくさんの時間を持っているし、経済的あるいは社会的プレッシャーなく、自分の仕事に応じて在宅勤務、パートタイム勤務、フルタイム勤務のいずれかを選べるのだ。ここには完璧な母親になるための母親同士の競争というものは見あたらない。

ミッシェルと私は、先進国の母親が感じるプレッシャーは、罪悪感からきていると思っている。私たちの国では、専業主婦とワーキングマザーの両方にプレッシャーがある。専業主婦は自分が働かないことに罪悪感を持ち、主婦の鏡になることで埋め合わせをしようとする。一方でワーキングマザーはいつも子どもと一緒にいられないことに罪悪感を持ち、次の日の子どもの行事のために真夜中にクッキーを焼いたり、仕事場で大変な1日を過ごした後でもハロウィンの衣装を一緒につくったりして埋め合わせしようとするのだ。それはお互いにとってマイナスな話だ。

さらに話を掘り下げてみると、この罪悪感や不安をあおる英語圏の世界では、人の手を借りないで自分でなんとかしようという考え方がある。テキサス大学の調査によると、ヨーロッパ圏内22か国と英語を話す国において、親である人と親でない人の幸せについて比較したとき、研究者は1つのはっきりとした結論に達した。

「親が賃金労働と家族への義務をより上手に結びつけられる社会政策の有無によって、親であることの幸せに対する否定的効果は完全に説明された。より良い家族政策の『パッケージ』を持つ国々では、親である人と親でない人との間で幸せに対する関係性はなかった」

「なんとかバランスを見つけ出したように感じるわ。週3日働き、小児保健センターへ行くときは少し遅く出社しても大丈夫なの」と、RTVユトレヒトのテレビ司会者のエヴァ・ブラウワーさんは話をしてくれた。

「月曜日に息子ライクの1歳のお誕生日を祝うのに、夫と私は一緒に託児所へ行って、歌を歌ったり、小さなパーティーハットをかぶったわ。たくさん写真も撮った。その後職場へはいつもよりも遅く出社したけれど、同僚も上司も私が息子との特別な時間を過ごしたかったことを理解してくれて、私の気持ちに共感してくれたわ」

エヴァは私にとってオランダで初めてできた友だちだ。その彼女がランチのために我が家まで来てくれたので、これを機に彼女の知恵を拝借することにした。

「オランダ人のママはアメリカ人のママに比べてずっとプレッシャーが少ないと思う?」

と、私が尋ねると、エヴァは次のように答えた。

「実際のところ、ママになってからの方がキャリアを積んでいくためにもっとやる気が湧いてきたの。家族と過ごす時間がほしいから効率的に働くようになったのよ。パートタイム勤務ができるというのは、プライベートの時間とキャリアのバランスを取るのにすばらしい方法だと思う。パートタイムを選ぶことについてタブーがないというのはすばらしいことよ。

もう1つ助かることは、オランダではとてもオープンで正直にいられることじゃないかしら。もちろんオランダ人の中にも体面を保とうとする人もいるけれど、この国では、子育てをしながらわからなかったり迷ったりしても素直でいられる」

SNSでいつもメッセージのやり取りをしているアメリカの友だちは、完璧な母親になろうとする傾向は今までになく強くなっているという。最初に浮かんだママ友は作家のタラ・ウッドだった。彼女は彼女の言葉でいうところの「ナイスガイ」と結婚し、7人の子どもをもうけ、ジョージア州のオーガスタに住んでいる。タラにストレスについて質問するとこんな答えが返ってきた。

「アメリカ人ママになることにストレスを感じているかと聞かれればイエスよ。どこに住んでいようと、ほとんどのママがいろいろなストレスを抱えていると思うわ。でもアメリカ人ママはかなり負けず嫌いで多くの心の傷を抱えている。そして、おそらくそれが心配と不安と自己不信を増長させていると思うの。15年間ほど子育てをしているけれど、ここ5年間でやっと、母親として自分で考えて自分で決めることを心地良いと感じられるようになったわ。長く時間はかかったけれど、今では私がどんな親になるかということを他人にとやかく言われることではないとはっきりわかるの。私も自分と違う選択やほかの人の子育てスタイルについてあれこれ言わないようにしているわ。だってそれが良い母親になるための唯一の方法だとは思わないから」

オランダ人男性はママを支えている

「リーン・イン」という用語を新しくつくったフェイス・ブック元最高執行責任者のシェリル・サンドバーグさんは、著書『リーン・イン』(日本経済新聞出版・2013年)の中で「リーン・インの母親はすべてを持ち合わせている」とし、ニューヨーク州のベルナルドカレッジ卒業式の訓示で「あなたが大事なキャリアを決めようとするうえで一番大事なことは、人生のパートナーがいるかどうかではなく、そのパートナーがいったい誰であるかということです」と言っている。

私はサンドバーグさんのいうパートナー論に心から賛成だ。人生のパートナーは対等な立場を理解する必要がある。さらに言えば、サンドバーグさんは、オランダ人男性との結婚を真剣に検討するべきだ、というアドバイスも加えるべきだった。

オランダ人男性はフランス人男性のようにロマンチックだったり、イタリア人男性のようにセックスが上手いという評判はないが、オランダでは男女両サイドから対等に求愛することが可能だ。つまり、女性が男性をデートに誘うことに何の問題もない。最初のデートで自分の食べた分は自分で払う(一般的に「going Dutch(割り勘)」としても知られているけれど)という厄介な作業を通過できれば、オランダ人男性は実はヨーロッパの中でも穴場の理想的存在だろう。

一例を挙げると、オランダ人男性は本気で女性の言うことに耳を傾けようとする。自分の気持ちを話すことができるということは、男女両方にとって高く評価されるすばらしい特質だ。

オランダでは、男性と女性、あるいはパパとママの間の役割分担は、急激に進化した。オランダ人男性は、北欧の国々と同じように、家事や子育てに関して平等な責任を負い、家族全体の幸せに大きな影響を与えている。

オランダ人女性は子育てや家事の責任を負わされているところがまだあるので、役割分担は完璧とはいえないが、それも時代とともに変化してきている。オランダ中央統計局によると、男性が炊事洗濯をする時間が増える一方で、女性が家事に携わる時間が減ってきているという。

選べるパートタイマー制と「パパの日」

オランダ人がなぜ幸せを感じるかというもう1つの理由は、この国のパートタイム勤務文化にあると思う。

オランダ人はＯＥＣＤ加盟国の中で、もっとも平均労働時間が短く、ヨーロッパ諸国中でも1週間あたりの労働時間がもっとも少ない国だ。男性の26・8％が週に最長36時間以内で働き、女性の75％がパートタイム勤務だという。じつに成人人口の約半分がパートタイム勤務なのだ（これはヨーロッパ諸国中でもかなり高い数字だ）。

さらにこれは、未熟練労働者から専門労働者まですべての職種で見られることだという。これと比較してみるとイギリスではパートタイム勤務は全人口の25％（男性13％、女性43％）、アメリカに関してはさらに割合が低く、18・9％（男性12・6％、女性25・8％）となっている。

オランダでは、パートタイム勤務は普通のことだ。多くのオランダ人パパにとって自分のキャリアの追求と同じように子どもの世話をしたり、家事をしたりすることは大事なことなのである。オランダ人パパは家庭内でも自分の役割を持つことが大事だと理解しているし、またこれを理解してサポートしてくれる会社で働けるということは幸運なことだ。

子どもの成長や幸せにおける父親の役割の重要性は、研究者や医療専門家たちからも認められており、科学文献には説得力ある証拠がいくつも並べられている。

子どもの幸福についてユニセフレポートの基礎をつくったHBSCの研究によると、オランダ人の子どもと父親との関係は、一緒に過ごす時間が増えていくにともない徐々に改善されたそうだ。

オランダではフルタイム勤務を36時間として労働時間を軽減したとき、政府は失業対策として週40時間あるいは9〜17時で働いてきた人に対して週半日や2週間に1日の特別休暇を付与することで補償した。そしてこの休みは「パパの日」として父親に多用されることとなる。それからだんだん多くのオランダ人パパたちが週に1回、子どもとの時間を持てるすばらしさを知り、「パパの日」を取ることが今ではあたりまえになってきている。

「パパの日」について興味があったので、近しい友だちのマタイスに話を聞いてみた。

「パパの日はいたって普通のことだよ、公共政府部署ではとくにね。週4日勤務にすることに私は何の迷いもなかった。娘と一緒に過ごせる時間が持てるなんてすばらしいことだし、もし娘が昼寝をしたり友だちと遊んだりしていれば、その間にメールをチェックしたり、あまり集中しなくていい仕事も少しできるしね」と彼は言った。

「前に何かで読んだのだけれど、学校に女性の先生がたくさんいる場合はとくに、子どもにとって男性の影響は大事みたいだ。パパはパパにできることをしなくてはならない。つまり、外に遊びに行って、娘とレスリングをしたり、じゃれあったりして体を使った遊びをすること。この金曜日の放課後はパパの日だったけれど、娘が友だちと約束をしていたので、一緒に街まで自転車で連れて行ったよ。この薄暗い11月の季節に少しでも太陽の光と気持ちのいい空気を吸わせるため外で遊ばせたんだ。それからショッピングモールへ行って、回転ドアの中でぐるぐる回って遊んだり、冗談を言ったりした。そして子どもたちに聖ニコラスのチョコレートを買ってあげた。娘の友だちが家に帰ると、また私と娘は外に出て家の前でサッカーをした。近所に住む男の子たちと自転車競走ができるようセッティングもした。体を使って遊ぶことは娘にとっていいことだし、何より私もとっても楽しかった！」と、マタイスは話してくれた。

我が家は、私がフリーランス作家として自宅でパートタイム勤務をし、夫がフルタイム勤務という典型的なケースだ。

夫のブラムも「パパの日」はあるが、それは平日ではなく週末だ。夫は週末に1週間分の買い物をする役目を果たすついでに、3歳の息子ユリウスを外に連れ出してくれる。ユリウスを動物園やプールへ連れて行った後には掃除・洗濯・掃除機がけもしてくれる。次男が少し大きくなると、今度は次男を連れ出してもくれた。私にとってこの時間が、やらなければいけない執筆やブログ、プロジェクトのために使える時間なのだ。

仕事とその人のアイデンティティが密接につながっているアメリカでは、「ほかと違うことをする」父親は孤独と汚名という事態に直面することがある。

同年代の男性はオムツを替えたり、夕食をつくったり、洗濯をしたり子育てに参加したいと思っている人が多い。しかしそうした非常に高い先進的な理想を持つ人に待ち構えている嘆かわしい現実は、長期にわたる仕事のプレッシャーで彼らの志が打ち砕かれるということだ。

アメリカの子育ては「子どもを持つことを決めたのはあなたの選択なのだから自分で対処するべき」と考えられ、地域社会の問題というよりは個人の問題と見なされる。それにくらべてオランダの子育ては、社会全体が責任を持って取り組むことだという考えがある。オランダ人の親には、子どもの世話をお願いできるおじいちゃん・おばあちゃん・姉妹兄弟や近所の人など、恵まれたサポート環境があることが多い。

親がパートタイム勤務で働いていても、理想的なのはパパとママの両方のおじいちゃん・おばあちゃんといった親戚や近所の人や地元の託児所、家まで子どもの世話に来てくれる資格を持った保育士などの追加支援があることだ。

自分の時間が持てれば、育児も仕事も楽しめる

女性は本当に充実したパートタイム勤務を、そして母親の時間を楽しんでいるだろうか？　野心的な女性にも、ワークライフ・バランスというものはあるのだろうか？

これをもっとよく理解するために、私たちと同じドールンに住む家庭医のドールチェさんを我が家に招待してコーヒーを飲みながら話を聞いた。

ドールチェさんと彼女の夫は両方ともパートタイム勤務で3人の子どもと犬がいる、

オランダの理想的なケースだ。ドールチェさんは週3日家庭医として、彼女の夫は週4日公証人として働いている。

「どうしてパートタイム勤務をしようと思ったのですか？」とドールチェさんに聞いた。

「私にとってパートタイム勤務で働かないことなんて問題外だったの。医師の資格を取ったとき、自分が何をしたいか考えて、家族との時間も取れる仕事をしたいと思ったの。それで柔軟な勤務体制で働ける一般開業医になることを決めたのよ。子どもが生まれてからは週3回働いているわ。と言っても、私が働いている全部の時間を合わせたら、フルタイム勤務の労働時間より多いと思うわよ」とドールチェさんが説明してくれた。

「どのくらいの時間働いていらっしゃるんですか？」と私が聞くと、

「7時30分に仕事を始めて、だいたい18時30分〜19時30分ごろ家に帰るわ。だから1日10〜11時間働いていることになるわね。夜、子どもたちを寝かしつけてから、またコンピューター作業の仕事に戻るのよ。それに先日は会議があったりもしたし、週末に電話がかかってくることもある。でも、こうして家族と一緒にいながら仕事ができ、自分の時間を持てるスタイルを気に入っているの。月曜日と水曜日は家にいる日なのでフィットネスに出かけたり、友だちとコーヒーを飲みに行ったりすることもできるわ。そして子どもたちが家に戻ってくると一緒に時間を過ごすの。だって、私は子どもたちのために家にいたいんですもの」とドールチェさんは答えた。

「ねえ知ってる？　さっきあなたがした、ワークライフ・バランスをどうしているかという質問だけど……おもしろいのよ。私の友だちのスザンネが昨晩ちょうど同じことを携帯メッセージで聞いてきたの。スザンネは私がスーパーママだと思っているのね。私が彼女に何て返事したか見てみたい？」と言って彼女は私に携帯電話を手渡した。その画面には

「子どもたちに早く寝なさい、パパとママはまだたくさんやることがあるのよ、と何度も大声をあげてやっと子どもを寝かしつけたところ。まだ台所をきれいにしなくちゃいけないし、子どもの劇に使うイヤリングについてメールを書いたり、エミーの誕生日パーティー用の傘に色を塗ったりしないといけないのよ。パパはまだ全然ゴミ箱を片づけてくれていないし……。明日、自転車で通りかかって疲れた顔の私を見かけたら、その理由がよくわかるでしょ」と書いてあった。

ドールチェさんのような働く母親にとって、現代生活にはまだまだストレスや難題があるようだ。

しかし、オランダのパートタイム勤務文化のおかげで、ドールチェさんは自分の時間を確保することができている。同じく難しい問題に直面している世界中の親とのこの違いが、幸せなママをつくり出しているのだろう。

ほどほどにのんびりしよう by Michele

私がオランダで仕事を始めたとき、ロンドンで身につけた猛烈ぶりで働きつづけた。することがたくさんあったので、効率性とスピードが極めて重要だったのだ。私はこうしたスキルをイギリスで身につけることができて本当に良かったと思っていた。たとえ残業代が支払われなくても、仕事が終わるまで働くことはあたりまえだと思っていた。仕事によってアイデンティティが決められ、仕事は自尊心の基礎を築くために重要なことだった。

しかし、こんな絵に描いたような仕事人間だった私に、思いもかけないこと起こった。そのころにはちょうど長男のベンは1歳になり、地元の保育園に楽しく通っていた。ちなみに政府から助成金がもらえたので、保育費に関してかなりのお金が戻ってきた。ベンは初日からこの保育園が気に入っていた。ベンは人のたくさんいるところでもいつも元気な社交的な赤ちゃんだった。だからベンを保育園へ置いていくことに何のためらいもなかった。ベンはとても幸せそうで、何よりオランダ人の保育園に対する姿勢はイギリスよりもとてもリラックスしていた。

英語圏の親が赤ちゃんや小さな子どもを1日中そうした集団生活の中に置いていくこ

との心理的影響を心配する一方で、オランダ人の親は保育園は子どもがほかの子どもと一緒に遊ぶことを学ぶ場と捉えている。保育園は子どもにとって社交性を勉強するのに良いところだし、そこで細菌をもらってくることは強力な免疫力をつけられると考えているのだ。

「専業主婦」と「働くママ」は対等か？

ドイツであれば私のことを「Rabenmutter（カラスの母親＝悪い母親：カラスは雛をネグレクトすることで知られているため）」と呼ぶかもしれないが、オランダでは働くママでいることに何の後ろめたさを感じることもない。専業主婦も働くママも等しく正当な選択肢と考えられている。

私はイギリスのフルタイム勤務しか知らなかった。オランダで見つけた仕事がすべてパートタイム勤務だったために、結局3つの出版社の仕事を掛け持ちすることになった。そのときは、なぜ見つかった仕事すべてが週1、2日の勤務しかないのか理解できず、ただ単に雇用するうえで安上がりだからだろうと思っていた。しかし後になって、パートタイム勤務がこのオランダではごく普通のことなのだとわかったのである。

前にリナが述べているように、オランダ人は「ヨーロッパ圏内においてパートタイム勤務王国」であることをとても誇りにしている。これは、たとえ子どもがいなくても、より良いワークライフ・バランスを持つうえで必要なものと見なされている。母親も父親もパートタイム勤務を望むことが多く、そうすることで子どもと一緒の時間を過ごすことができる。

それで社会的地位に影響が出ることはないし、会社で非難されたり、用無し扱いされることもない。イギリスやアメリカでは、子どもと過ごす時間が短いので、「質の高い時間」の過ごし方を重視する。一方のオランダでは、子どもと過ごせる時間がたくさんあるので、子どもと過ごす時間に何か特別なことをする必要性を感じない。

収入が減っても子どもと一緒にいたい！

プロジェクトマネジャーとして働くマデアは、双子が生まれたときに彼女も彼女の夫もパートタイム勤務することを望み、2人で平等に子育てをしてきたと話してくれた。「私たちは収入は少ないけれど、子どもと一緒に過ごせる時間を意識的に選んでいるわ」と言う。

マデアにしてみれば、それでもまだまだ不平等に感じることはあるという。たとえば、一般的に男性の方が収入が多く、女性が子どもの世話を男性よりもたくさんしているこなどだ。

「それに私は『パパの日』という言い方が好きではないわ。だって、それ以外全部ママの日なのにママの日なんて言い方はないのよ！　でも女性は子育てをすることを楽しんでいるとも思うわ。女性は子どもと一緒に過ごすことがとても自然なことだと思っているから、男性よりも子育てをたくさんしないといけないことについてあまり気にしていないようね」

たしかに多くのオランダ人女性は、働くことよりも子どもと一緒に過ごす時間の方をうれしい贅沢なことと見なしているようだ。たとえば私たちの家に来てくれる保育士のベティーは、彼女の子どもたちが自立するまでずっと専業主婦だった。ベティーは自分が専業主婦であることで社会的地位が下がったと感じたことはなかったし、彼女の夫とは常に平等な立場だと感じていた。

「私は子どもの世話で忙しく、授乳アドバイザーのボランティア活動をする以外はまったくほかのことをする時間がなかったわ。私はただ私の母がしていたようにしただけ。私の母は母親でいることがとても好きでそうしていた。そして私もそうだった」とベティーは言った。

女性問題に重点的に取り組む歴史家であるエルス・クルックさんにリナと私が会った

とき、この問題について話をした。少なくとも私たちにとって、ロンドンやサンフランシスコよりもアムステルダムの方が、仕事とアイデンティティのつながりは薄い気がするとクルックさんに問いかけた。このオランダではパートタイム勤務あるいは仕事をしないことは普通のことと見なされ、それが恥ずかしい面目を失うものだという考え方はないからだ。

「その通り！」とクルックさんは大きな声で言った。「オランダには家庭的で『gezelligheid（居心地の良さ）』という強い伝統的な部分があるので、オランダ人女性は働くことを特権だとは感じていないんです。職場では、長時間働いて上司の指示に従わなければならない。でも家庭では、自分自身が上司なんです。そのことを、一部のフェミニストは忘れがちなんですけどね」

クルックさんは、ライフワークであるオランダ人主婦の研究「Vrouw des Huizes（未訳：女性と家庭）」の中で、オランダ人女性はいつも夫と同じ政治的権利を持ってはいなかったが、信じられないほど強くて、自分の人生をきちんと管理してきたと書いている。クルックさんはオランダ人主婦の人物像を「偉そうで、野心的で、倹約的で、とてもきれいにきちんとしている」と掘り下げて研究している。

オランダ人女性は、女性はこうあるべきだという男性に強いられた理想的な考え方にこだわらない。私たちにはそれがはっきりわかる。彼女たちは分娩後に妊娠前のジーンズを無理やり履こうなどとはしない。それはまったく優先事項ではないからだ。そしてオランダ人女性は夫を喜ばせるためではなく、自分自身のために家をすばらしく飾る。

「オランダ人女性は、自分が召使いでも魔性の女でもなく台所を仕切る女王様でもないというように、自分が違うと思うことすべてをはっきりと述べるんです」

彼女の書いた序章を引用してみよう。

「オランダ人女性の評判は概して、家庭と結婚生活両方において権力的な立場中心に展開する。オランダ人女性はフランス人女性よりもおしゃれな服を着ていないかもしれないし、ドイツ人女性よりも従順ではないかもしれないし、イギリス人女性のように人をもてなすことが上手ではないかもしれないけれど、オランダ人女性は自分の夫と平等あるいはそれ以上で、自分の夫よりも支配的とはいかないまでも平等に並んだ立ち位置にいる」

クルックさんは「主婦」が職業として何をしているのか考えることは間違っていると主張している。それは主婦という仕事が経済社会の外側にあるからだという。主婦の対価として女性に賃金を支払うことは、その女性を夫の召使いとしてしまい、不平等をもたらす。主婦というのは社会地位でいうような仕事ではないのだ。

「オランダの背景から見ると、主婦であることは贅沢なことで、通常の仕事からたいてい除外される。お金に対する余裕ができると女性は賃金をもらう仕事を辞め、家族の世話をする。その一方で男性は家に賃金を入れる」

クルックさんが言うに、歴史的に見てもオランダ人主婦はいつも家庭においてボスだったという。台所に何時間も立つことはなかったが家をきれいに掃除することを楽しんでいた。彼女たちは博識なわけではなく、何か知的なサロンを経営しているわけでもなかったが、計算能力が高く、家計簿を管理していた。未亡人が残された夫の会社を経営したり、武器をとって戦ったという歴史的な例がたくさんあるという。そして外国から来た人はオランダ人女性が家庭での主導権を握っているようだと絶えず驚いていたという。

クルックさんが、現代のオランダ女性解放運動に挑むロース・ヴァウターさんに連絡することを勧めてくれた。ヴァウターさんは自分自身のことを政治学者であり社会起業家であると称している。彼女の著書に『Fuck! I'm a feminist（未訳：私はフェミニスト）』（2008年）という本があり、仕事のストレスを軽減するためのワークショップを開催したりトークショーをしたりしている。また彼女は「新しい働き方」を促進させるために多大な功績をした。この彼女の活動のおかげで会社は働く親に対して、より柔軟な働き方、在宅勤務、雇用者が自分で選んだ時間に働くことができるようにした。

私たちは、照明のたくさんあるアムステルダム駅の隣にある可愛らしい近代的な建物の中央図書館でヴァウターさんと会うことにした。

働くママたちの苦悩の原因はどこにある？

11歳と15歳の2人の子どもがいるというヴァウターさんはパートタイム勤務のママとして自分の経験から話しはじめた。

彼女のパートナーはフルタイム勤務で働き、彼女はテレビ局で週3日働いていたが、仕事と子育ての両立にストレスを感じていたという。

締め切りの迫った仕事を抱えていたある日、いつも息子を迎えに行ってくれるおじいちゃんがその日は迎えに行けないということをすっかり忘れていた。しかしほかに迎えに行ってくれる人を見つけることができなかった。幸いママ友が息子を迎えに行って家で預かってくれたが、その恥ずかしい電話を受けたことはヴァウターさんの人生の中で忘れられない瞬間だったという。

パートタイム勤務で働くパパとママという共通したオランダモデルの何かがおかしいとヴァウターさんは感じたという。この制度は彼女のような野心的な女性には上手く作用しなかったのだ。

ジャーナリストのブリジ・シュルトさんは彼女の著書『Overwhelmed: How to Work, Love and Play when No One Has the Time（未訳：参った、誰も時間のないときにどうするか)』(2014年)の中で同じようなことを述べており、忙しい近代ライフスタイルの研究の中で、フルタイム勤務で働くお父さんと、パートタイム勤務で働くお母さんというかつてのオランダモデルに言及している。

理想的に聞こえるが、実はパートタイム勤務には「過度な負担任務」が生じ、1つの役割からもう1つの役割へ絶えず切り替えることが時間的プレッシャーを感じさせかねないとシュルトさんは警告している。働くママはこの影響を一番受けやすい。というのも、パパが仕事に集中しがちなことに対し、ママは家庭のことなどマルチタスクの責任をより多く担っているからだ。

母親がパートタイム勤務であるかどうかにかかわらず、ここオランダでさえ、働くママにストレスを与える何かがありそうだ。

オランダ社会政策ユニットによる新しい調査では、オランダの男女が同じだけ自由時間を持っていても、女性はいつもパートナーや子どもが幸せか、家はきちんときれいになっているかなどという考えに囚われているため、あまり「自由である」とは感じていないという。研究者はこのことを「感情ワーク」と呼んでいる。女性をサポートする対策がなされても、母親たちは自分で自分を難しい状況においているというのだ。

ヴァウターさんは、フルタイム勤務かパートタイム勤務かにかかわらず、オランダ人男女がより柔軟に、そして在宅勤務をする機会がよりたくさん得られるロビー活動を始め、この10年間ですばらしい取り決めに沿って、物事が動いてきたと感じているという。「家庭を切り盛りすること、同時に雇い主を困らせないようにすることは、父親と母親の間で労働を制限、分割すべき個人の問題と見なされてきた。しかし今はそれが変わってきている」

ヴァウターさんは「新しい働き方」が労働環境を改善し、親により多くの再考の余地を与えたと感じている。ヴァウターさんは誇らしげに言う。

「以前はスウェーデンのロールモデルを見習ってきたけれど、今では彼らがオランダにやってきて私たちがどうしているかを学びに来るのよ。最近では仕事のストレスについてオープンに話をできるようになったわ。それはみんなの問題だから」

私たちのインタビューが終わりに近づいたとき、私たち2人は今フリーランスとして働くという究極の「新しい働き方」を見つけたとヴァウターさんに話をした。すると彼女は、一部の経済危機や会社の規模縮小という事態のために、より多くの人がフリーランスとして働くようになったと私たちの話に賛同してくれた。

フリーランスという働き方は私たちによく合っている。フリーランスには、職場で柔軟に働けるよう願い出なければいけない上司はいないのだから。

オランダでは頑張りすぎると迷惑になる

成人してからオランダで生活をしたフランス人の哲学者デカルトは『神は世界を創ったが、オランダ人はオランダを創った』と言わなければならない」と述べている。デカルトはオランダ人が侵食する海から土地を取り戻すために戦ってきたことについて言及しているが、彼の言葉はまた、オランダ人自身が社会的信念を確立するために戦ってきたという違う見方にあてはめることもできる。

オランダ人は活動的で、意識して社会的階級に抵抗してきた。オランダの政治家たちは、社会福祉制度を整え、学校教育費を無料にするために課税をし、貧困の差を埋める努力をしてきた。ただしそうした福祉の考え方は、政治家だけではなく、国民自身からも生じている。

私はオランダに来て1年経ったころ、詩のフェスティバルの運営団体と2つの出版社で働いていた。この2つの出版社は正式には競合他社になるのだが、そのことはあまり気にしていないようだった。

会社の雰囲気はゆったりしていて、社内はスタイリッシュな建物のわりに、古めかしさもあり、30年前にイギリスの出版社で見た上品なアンティークの雰囲気を感じさせるすばらしいものだった。

しかし、唯一のマイナス面は会議の長さだった。最後にはいつも雑談になってしまうのだ。この会社では時間の感覚に対するプレッシャーがないようだった。会議に参加しているすべての人が、そこで問題になっていることに対して意見を求められ、結論が出ることはほとんどない。この点に関しては、前述したポルダーモデルの話を思い出してほしい。

出版社で働き、数か月が過ぎたころ、上司から呼ばれて「もう少し仕事のスピードを落としてくれないかな？　君の同僚が不安がって、部署内のバランスが崩れているんだ」と言われた。そういえば、同じくオランダに引っ越してきたイギリス人の友だちが、まったく違う分野で働いているけれど、同じような経験をしたと私に言っていたのを思い出した。

「信じられない！　上司が私にそんなにたくさん働くなって言うのよ！」と、彼女は声を荒らげて私に言ったのだった。

コリン・ホワイト氏とローリー・バック氏がオランダの生活調査をおもしろおかしく書いた『The UnDutchables（未訳：外国人から見たオランダの不思議）』（１９８９年）という著書には、外国からオランダに来た人は往々にして会社の同僚の仕事に対する努力のなさにイライラすると書かれている。そしてオランダでは、コーヒー休憩で仕事は中断され、同僚の誕生日で冗談を言い合う、それが最優先なのだとも忠告している。

しかしおかしなことに、オランダ人自身は自分たちがとても忙しく仕事をしていると思っているようで、彼らのカルヴァン派仕事倫理をとても誇りにしている。「Arbeid adelt」つまり「労働の中に高潔さがある」というのだ。

個人的な意見では、オランダ人はどこをも見てもイギリス人の同僚と同じくらい忙しそうに働いているようには見えなかった。しかし驚いたことに、OECDによる仕事の生産性の調査ではオランダ人は非常に評価が高く、生産性はイギリス人よりもかなり高いのだ。

オランダ人はよく働き、よく遊んでいるようだ。「Na gedane arbeid is goed rusten」とは、また別のオランダで有名な格言だけれど「仕事が終わった後の休息は快い」という意味だ。

仕事のほかに人生を楽しむための時間を取らない理由はない。オランダでは太陽が顔を出すことがめったにないのだが、もし太陽いっぱいの日があれば、正式な休み時間ではなくてもカフェのテラスはオフィス勤務者でいっぱいになる。こうした自然発生的な休み時間がまったく問題なく受け入れられるのだ。（ラテン語で）「Carpe diem!（今を楽しめ！）」。

その後も、私は上司からの要望にもかかわらず、仕事のペースを落とさなかった、どうやってペースを落としたらいいのかわからなかったのだ。私はその意味で根っからのイギリス人だった。仕事をやりくりして、できるだけ誠実に一生懸命に働きつづけた。長男のベンを週4日保育園へ預け、5日目はおばあちゃんの家で預かってもらった。

オランダだから気づけた、自分をいたわる時間の大切さ

しかし、長女イナが生まれて状況が変わった。私はベンとはまったく違うタイプの子どもの面倒を見なければならないことに直面したのだ。イナは私が仕事に出ている間、1人で預けられることを嫌がった。保育園が大嫌いで、たくさん人がいるところへ行くことが大嫌いで、知らない人といることが大嫌い。私の胸の中でぎゅっとされる以外のことはみんな大嫌いだった。

2007年にイナが生まれたときはフリーランスとして働くとオランダでは産休手当がつかなかった。そのためイナの育休の8か月の間、私の収入はオランダ小説の翻訳だけだった。その後、2つのうち1つの出版社に週4日勤務を認めてもらい復職した（5日目はフリーランスとして翻訳をしている。仕事にとりつかれた私には休みなどないのだ）。そこは、積極的に私の勤務時間を増やすよう奨励してくれた会社だ。同時に、この会社は

ヴァウターさんの「新しい働き方」を導入していたので、柔軟な働き方をよく受け入れてくれた。

こんなふうに少なくとも週1日は在宅勤務をすることができたので、子どもたちの世話をなんとかすることもできた。けれどそのころは、赤ちゃんと幼児を一緒に世話することにとても疲れて、大変な年でもあった。私はこの時期を子育ての「トンネル」と呼んでいる。そこを切り抜けられたのは、理解ある会社と地元の保育園、子どもにとって3番目のおばあちゃんとなる定年退職したすばらしい隣人のおかげだったと思う。

しかし、それから数年後、今度は会社が合併したことで生じたストレスが悪化し、これからどうなるのかと心配してほとんど毎晩眠れなくなったことがあった。私は人事部へ相談に行った。人事課長は私が精神と身体のバランスを崩していることを悟り、「ハプトノミスト（オランダ発祥の自分で自分の身体の感覚をケアする治療法）」へ行くよう勧めてくれた。もちろん仕事時間内に、だ。

ハプトノミストといえば、サッカー選手がお互いに理解し合うのを手伝ったり、リラックスして怪我をしないようにしたりするためのニューエイジ的な療法として、オランダ全土のサッカーチームに取り入れられていると聞いたことがあった。オランダサッカーチームが1988年にヨーロッパチャンピオンズリーグで大成功を収めたのも、選手のハプトノミストであるデッド・トロースト のおかげだという人さえいる。

私はハプトノミストに対して控えめに言ってもかなり懐疑的だった。その名前には、なんともサイエントロジーのような恐ろしい怪しいにおいを感じたからだ。

アムステルダム駅から近いところにマッサージ用のベッドと必要最低限のものだけが置かれたコンテナ風の建物があった。中に入ると、私はそこで人生について考えすぎることをやめる必要のある、知的心配性と診断された。

セラピーの間、私は何をしてもよかったが、ハプトノミーに関してネットで調べたり、本を読むことはダメだとセラピストは言った。私はそうしなかったし、結局、その後もそんなことはしなかった。セラピーは風変わりでたまに話をしたり、たまにヒーリングをしたり、たまにマッサージをしたりというものだった。左のリストはセラピーのときに私がするように言われたことだ。

- 自分の体とそれに必要なものを再びつなげてみる
- もう少し厚かましくなってみる
- 物事の全体像を見て捉える
- 物事を考えすぎない
- もっと自分のためにエネルギーを使う
- 「嫌です」と言えることを学ぶ

つまり私は、もっと自分に自信のあるオランダ人女性にならなければいけないということだった。ハプトノミーのメッセージは、体と心の健康は仕事よりも大事ということだった。これはイギリスにいる私の友だちの多くが心に留めておくべきアドバイスだろう。

これまで耳にしてきた定義の難しいワークライフ・バランスをオランダ人は上手に取り扱っている。OECDが発表した「より良い暮し指標」によると、先進国調査ではオランダがデンマークに次いで2番目、一方イギリスは22番目、アメリカは28番目だったという。職場環境を見てみても、人生に対するこの取り組みの違いは明らかだった。オランダではいつでもどこでも一生懸命に仕事ができたが、遅くまで職場にいることは求められていない。ロンドンで働いていたころは、私がよく最後に電気を消して会社を出る人だった。19時がごく普通の帰宅時間帯だった。オランダでは17時が帰宅ラッシュだ。親は子どもを迎えに家路を急ぎ、子どものいない人はバーへ飲みに行くかスポーツジムでトレーニングに勤しむ。

仕事だけが人生をつくるわけではない

以前にも述べたように、出世することは、オランダ人がとくに望むことではない。会社の中で用もないのにウロウロしたり、ほかの人にアピールするためだけに遅くまで会社に残ったりするようなことはオランダでは必要ない。

働くお母さんにとってその居心地の良さは明らかだろう。子どもの送り迎えのために、時間に遅れてはならないというストレスはないのだ。もちろん、私は出版の仕事をしているので、読まなければならない本もたくさんある。でもそれは子どもたちが寝てからでもできる。

家から10分のところにある保育園まで自転車で送り、職場まで20分ほど自転車で行き、9〜17時まで働く。そんな私の1日と、ロンドンに住む友だちのヘレンの1日を比較してみたことを覚えている。

彼女の住むサリーからロンドン中心のオフィスまでの通勤時間が電車で45分かかる。ヘレンは娘を家の近くの保育園に預けているが、もし娘に何かあったときにすぐに駆けつけられないと常に心配しながら日々過ごしていた。ヘレンの夫が子どもを保育園まで送ってくれるので、彼女は時間通りに職場に着くことができた。しかし、そこには緊張感があり、たくさんの人がその苦悩を話しているのを聞いたことがある。

イギリスで働くママは、子どもを出産する前と同じ勤務時間が要求される。この居心地の良いアムステルダムから見ると、母親になることには何の問題もない。本当の問題は、イギリスの働きすぎ文化と、仕事がその人のアイデンティティを決めると信じつづけていることだ。

世界一幸せな子どもたちの朝ごはん
――チョコレートふりかけの秘密

世界一幸せな食卓にて　*by Rina*

とくに予定がないのんびりした日曜日は、家族にとって絶対に必要なものだ。いずれにしてもここオランダでは日曜日はほとんどの店が閉まっているし、午後だけでも開いている店があればラッキーというもの。

夫のブラムは朝食の準備でキッチンをせわしなく行き来している。私はマテオに授乳したり、午後に散歩に行く計画を立てたりしながらリビングのソファに座っていた。長男のユリウスは自分の部屋でデュプロのブロックで遊んでいる。

今日は天気のいい朝で、外は秋の爽やかな空気を感じることができる。私たちはとてもいい気分だった。

夫は念入りにフレンチトーストをつくってくれたようだ。これはオランダ版のフレンチトーストで、ヤギのチーズとイチゴ、マンゴ、ブルーベリーが載っている。

私は見つけにくいといわれている、赤くて白い斑点のあるベニテングダケが生えているところが近所にないかを調べていた。オランダに引っ越してくるまで、こんな赤いキノコなんて、スーパーマリオ・ブラザーズや陶器の置物など、おとぎ話の中だけのものだと思っていたが、オランダではこれが現実にたくさん生えていた。そしてこのキノコには毒性があり、幻覚作用を引き起こすということも知った。だから、とても美しいキノコだったけれど、ただ遠目から鑑賞するだけだ。

「ちょっと、これを見て！」と夫がキッチンから叫んだ。

私は頭をテーブルの方に向けた。こちらがつられてニッコリしてしまうような笑顔をユリウスは浮かべ、背の高い椅子に座っていた。3歳の息子は朝食の手伝いをしようとしていたのだ。彼の前にはバターとチョコレートふりかけと一緒に高く積み上げられたパンがあった。

「オランダの子どもが世界で一番幸せと言われるのはあたりまえだ。毎朝チョコレートを食べられるのに幸せでない子どもなどいるだろうか？」と、私は思う。でもこんなことを言うと、インターネットでは完璧ママからの非難と軽蔑の声が聞こえてきそうだ。「朝食にチョコレートですって？　朝からそんなに糖分をとらせていいと思ってるの？」

バターは息子の顔や手と同じくらいたくさん、背の高い椅子のいたるところに塗りたくられ、チョコレートふりかけは床一面に散らばっていた。

私と夫はおたがいに顔を見合わせた。彼を叱るべきだろうか？　しかし叱る代わりに、私たちは思わず吹き出してしまった。しつけに厳しいママたちからは、こんな私は母親失格と見なされるだろう。

ユリウスは、そんな私たちを気にもとめない様子で、チョコレートふりかけのサンドイッチを頬ばりはじめ、夫はそんな彼のうれしそうな顔を写真に撮った。

朝ごはんを家族で食べよう！

朝食にチョコレートが食べられることはそんなに特別なことだろうか？　そのことがオランダ人の子どもを世界一幸せにしているのだろうか？

情報サイト「バズフィード」で、アメリカ人の子どもを集め、各国の伝統的な朝食を試してもらい、反応を見るという企画があったが、そこではオランダの朝食が大勝利をおさめていた。朝食がチョコレートなのに食べたくないと思う子どもがどこにいるだろうか？

実は、ほかの国でもココ・ポップスのような砂糖のたっぷりと入ったシリアルのようなものを朝食に食べている。だから、オランダの子どもが幸せなのは、チョコレートだけが原因ではない。私が思うに、朝食を家族で食べることが大きな要因なのではないだろうか。

２０１３年のユニセフレポートによると、オランダ人の子どもは世界で一番幸せな子どもだと述べられており、さらに11歳、13歳、15歳の年齢のオランダ人の子どもの85％が、毎日朝食をとっているという結果が出た。

学校や仕事へ行く前に、家族で食卓を囲んで食べることは、オランダ人家族の生活を支える日常だ。ほかのどの国を見ても、オランダのように定期的に家族で一緒に朝食を食べる国はない。アメリカ人やイギリス人の家族は忙しく、朝食抜きのことさえあるようだ。

オランダ人は、食事を規則正しくとることと、体内時計を夜時間から切り替えるために、朝食をとることが重要だと理解している。

毎日朝食をとることの効能を指摘する大量のデータがある。たとえば、日中に間食して不健康な食べ物を食べてしまうことを避けられるし、肥満リスクの軽減、学校での子どもたちの集中力の増加などが言われている。このためオランダ人は朝食を大切にし、より幸せでより健康であるようだ。しかし本当に重要だと思うのは、オランダ人が朝食を家族で一緒にとり、そこで穏やかに家族のつながりを確認する。そうした考え方に多くの価値を見出しているということだ。

オランダ流バランスのとれた食生活

チョコートふりかけがオランダのどこの朝食でも中心的存在であることに驚いた。オランダ人は脂肪と砂糖の少ないバランスのとれた食事の重要性を知らないのだろうか？専門家の間ではオランダ人はたしかにこってりしたものを好んで食べ、食生活に関してはあまり良くない評判ができあがっている。

おそらくそうした食事に対しても、オランダ人がコストパフォーマンス重視だという説明が一番ぴったりくる。つまり食べ物は、簡単に早く用意ができ、手ごろな価格で栄養価の高いものが良いと考えているということだ。

オランダ人の普通の生活では、朝食を食べてからたったの3時間で昼食の時間になる。昼食も朝食も基本的にオープンサンドイッチのようなものを食べる。夕食だけは温かいものをとるが、それは肉・野菜・炭水化物と決まっており、キリスト教の三位一体のようだとしばしば言われる。しかし、最近の調査で、そうしたオランダ人の質素な食生活が最善な選択かもしれないということが言われはじめている。

2014年に行われたオックスファムの調査では、「オランダが世界で最高の食べ物を提供する国だ」と断言した。オックスファムでは、①食物の豊富な供給があるかどうか、②手ごろな価格であるかどうか、③質が良いかどうか、④肥満や糖尿病になる高い可能性を引き起こすかどうかの4点の基準で測られる。この結果、イギリスは10番目、アメリカはそれよりも低く21番目だった。アメリカが低評価になった理由は、手ごろな価格で質の良い食物に関しては高評価を得たものの、肥満と糖尿病の数値が高かったため、国全体のランキングを落としたのだ。

ユニセフのレポートはこのオックスファムの主張をサポートしている。オランダ人の子どもは先進国29か国の調査において、もっとも肥満の割合が低かったのだ。11歳、13歳、15歳の年齢のオランダ人の子どものうち肥満だったのはたった8・36%だけだった。

残念なことに、オランダとデンマークとスイスを除いたほかのすべての国々では、子どもの肥満レベルが10%を上回っているという。

結果として、世界で食に関してもっとも優れている国は、フランスや地中海のどこかの国や日本ではなく、ここオランダだということになった。バターやパン、そしてチョコレートふりかけを食べるにもかかわらず、オランダ人はかなり手ごろな価格で健康的にバランスの良い食事をしているのだ。

今朝、息子が頭を満足げに左右に揺らし、足を前後にバタバタさせながら朝食を食べているところを見て、私はとうとうこのチョコレートふりかけの秘密についてのすべてを悟った。

少し立ち止まり、頭の中の神経質で心配する声を黙らせ、じっくり息子を観察すると、3歳の息子はチョコレートの甘い味を堪能していることとは別に、朝食を自分で選んで準備できたことに満足し、誇りを感じているようだったのだ。これは言うならば、自分に対する信頼だ。そしてこれが、チョコレートふりかけがもたらす真実だったのである。

テーブルマナーが子どもをつくる

家族と一緒に食事をとることの重要性を強調する文化では、文化規範とディナーテーブルで必要な作法を練習することができるだろう。一緒に座って定期的に家族と食事をともにする行為は、オランダ人家族の生活の大事な一部だ。少なくともほとんどのオランダ人家族は朝食と夕食の1日2回は家族で食事を一緒にする。

年配の人と同様に若者には、会話術を促す居心地の良い環境をつくりだせるよう、いくつかの共通礼儀ルールに従うことが求められる。しかしこうした礼儀や振る舞いは、オランダ人に限られたことだろうか？

　オランダで暮らし、オランダ文化に関しては当然、専門家と言える私の夫に話を聞いてみた。

「オランダの子どもが食事のときに言われる言葉は『handen boven tafel（手は机の上に置く）』というくらいかなあ。食卓に座るときには右手にナイフ、左手にフォークという具合に手はいつも食卓の上にないといけないんだ。そして肘を食卓の上に置くことは嫌がられる」

　みんなが食卓に着くまで、子どもを含めたすべての人は食べはじめるのを待つよう求められる。みんなが一緒に座るまで食べるのを待つことは、敬意の表れだけでなく、老若男女それぞれの人が重視される共同体意識の表れだ。

　このことは、みんながフォークを取る前に「Smakelijk eten（召し上がれ）」とお互いに言い合う儀式により強く込められている。食卓を立つときには一言断るのが正しい礼儀だとされており、そしていうまでもなく、子どもが食卓につけるじゅうぶんな年齢になると、食べている間はきちんと口を閉じて、クチャクチャと音を立てて食べないことが求められる。

オランダ人はディナーに人を招かない by *Michele*

ロンドンにいたころ、よく夕食会を開いていたので、オランダへ引っ越してくる前は大勢の人に料理を振る舞うことに慣れていた。

私がオランダで最初に購入した家具は、大きなダイニングテーブルだった。オランダで働く数人の友だちを知っていたので、私がオランダに引っ越してきたときに、ロンドンと同じように彼女たちを夕食に招待し、招待されるのだろうと思っていたのだ。

また私は、数年間フランスのいろいろな場所に住んでいたが、いつも地元の人は私を歓迎し、招き入れてくれ、一緒に座って食事をした。私はアムステルダムでも同じようにするだろうと疑いもしなかった。

アムステルダムに引っ越してきて赤ちゃんが生まれた。しかし待てど暮らせど、誰も私たちを招待してくれなかった。私が食事に招待した人たちでさえ、お返しに招待してくれることはなかった。

しばらくしてから、オランダ人は仕事のときは親切だが、仕事の時間以外は社交的である必要がないと思っていることがわかった。そのうえ、ロンドンでそれなりの教育を受けた者であれば必ずやりたがる晩餐会での人脈ネットワークづくりは、オランダ人の頭には浮かばない考えなのだ。

オランダ人は、夕食に対する考え方がイギリスとはまったく違っているということを私はわかっていなかった。私の動揺した気持ちを静めるには少し遅すぎたかもしれないが『The UnDutchables（ジアンダッチャブル）』という本の中で「オランダ人にとって夕食は家族の時間である。だから招待されないのだ。オランダで人を家に招待するのは、1杯飲む時間やコーヒーの時間だけだ」とこの問題についての説明をやっと見つけることができた。

実際、17時ごろの「borrel（ボロル）」という1杯飲む会に私はよく招待された。しかし、みんな夕食前には家に帰るので、それを奇妙に思っていた。オランダでは、夕食はプライベートなもので社会的なものではないのだ。

おもしろいことに、翻訳者として仕事をしていると「机（tafel）（ターフェル）」は、オランダ語の文章の中によく出てくる言葉だと気づく。それはどうやらオランダ文化に深く根ざしているものらしく、たとえば「aan *tafel* gaan zitten met iemand（ある人と問題について議論する）」「ter *tafel* komen（議論を取り上げる）」「iets boven *tafel* krijgen（物事を公にする）」というような表現で繰り返される。「机（tafel）」とは、すべてのことを解決するところであり、意見の相違が解決されるところであり、見解が共有され新しい取り決めがなされるところなのだ。

テレビ番組のトークショーでは、丸テーブルでの議論が一般的だ。有名人と専門家が一緒にテーブルに座って楽しそうに議論している。これほどオランダらしい光景はほかにはないかもしれない。これが「gezellig（居心地が良い）」なのだ。

夕食の席は、子どもが自分の意見を言ったり、自分の気持ちを伝えたりすることを学ぶ場でもある。会話をすることは家族の本質的な原動力の一部だ。

2人の子どもを持つオランダ人パパのカレル・ファン・エックさんはこう話した。

「私たちは朝食や夕食を一緒にとることを極めて重要なことだと思っています。そうすれば、おたがいの話を聞くことができるし、経験を共有することもできる。そして世界で何が起きているかについて話すことでより広い視野で物事を見ることができるようになります。

朝食でよくのぼる話題は、ニュースに関することが多いですね。朝食をとりながら新聞を読んで話題になっていることについてコメントしたり、子どもたちが学校や放課後にすることをあれこれ話したりするんです。夕食の間はその日に起きたことを中心に、今日何があったの？　そのとき何て言ったの？　何を勉強したの？　という会話をすることが多いですね」

簡単で質素な食事が家族関係を良くする

ここでもう一度、イギリスの話をしたい。イギリスでの朝食は個人の自由で、朝食をとらないこともある。どの子どもにも共通していることは紅茶を飲むこと、そして午後にフィッシュフィンガーやチップスを食べるということだ。一方で親は、しばしば子どもが寝てから本来の夕食の時間にやっと座って遅めの「夕食」をとる。

でも、ここオランダでは、18時に家族全員が食卓について夕食をとる。豪華な食事は問題外で、たいていはシンプルな食事か週末につくったものを温めて食べるような質素な食事だ。家族で一緒に夕食をとるということは、働いている親は会社から時間通りに退社することをあたりまえの権利として実行していることを意味する。

オランダの伝統について書かれた本『Dit zijn we（未訳：これが私たち）』（2010年）の中に、オランダの食卓で見かける典型的な食べ物について書かれている。いずれもシンプルであることが鍵だ。

昼食によく食べられるオープンサンドには何種類ものおいしいトッピングやハム・チーズが載せてあり、オランダ語で「boterham tevredenheid（満足なサンドイッチ！）」と称される。あっさりしたパンにバターを塗ったこのサンドイッチでたいていお腹がいっぱいになる。

オランダ人はよく昼食にバターミルクを飲むし、たまに夕食にもそれを飲む人がいる。一見したところ、それはあまり健康的には見えないかもしれないが、オランダ人はそのあたりをあまり過敏にとらえない。

オランダ人の自然体で倹約的なところは社会規範にも影響している。たとえば、誰かの家のコーヒーに招待されたらブリキ缶から1枚だけクッキーをいただく。あるいはもし誰かの家の「ボロル」に招待されたら、もてなす人はチーズやパテを載せた小さなクラッカーを配る。こうやって配ることで、家に来た人がどれくらい食べるのかコントロールすることが確実にできるというわけだ。

1週間に1日はご飯の残り物を利用して食べることもしばしばあるし、硬くなったパンはフレンチトーストのようなおいしい食べ物にリメイクされる。夕食には「stamppot（スタンポット）」（マッシュしたポテトにキャベツやケールを混ぜたもの）がよくある主食として出され、それにソーセージや肉汁が添えられる。私たちもよくこれを家で食べる。オランダ人はスープやシチューやホットポットもよくつくる。それらは早く準備できて温め直すのも簡単で栄養価が高いからだ。私の夫は日曜日にこのような料理を1週間分まとめてつくることがある。

オランダでは、家族で食事をとることが目的というよりも、みんなで話をするために食卓に座っているようだ。家族での夕食は「gezellligheid（居心地が良いこと）」なのだ。

多くのオランダ人の親は家族全員と食事をとるということを基本ルールと見なしている。ロンドンへ引っ越しをしたオランダ人の友だちのアンネも文化の違いに気づいたと話してくれた。

「このロンドンで直面した違いは、あまり家族が一緒に夕食をとらないということ。子どもは自分たちだけで（たまに親がその場にいることはあるかもしれないけれど）フィッシュフィンガーやベイクドビーンズなどのような早めの子ども用夕食をとり、しかもよくそれをテレビの前で食べるのよ。伝統的にオランダ人家族はみんなで一緒に食事をとり、みんな平等にその日に自分たちに起こったことを話すというのに。オランダ人の子どもが大人と臆することなく話をすることができるのは、そういうところからきているんじゃないかしら?」

アメリカで行われた調査によると、家族との食事の仕方は子どもがどのように成長するかを予測する強力な判断材料になるという。

つまり、少なくとも週5回、親と一緒に夕食をとる子どもは、喫煙、飲酒、薬物使用、警察沙汰の喧嘩、セックス、停学処分のような事態に陥るティーン・エイジャーになることが少なかったという。また親と食事を一緒にとる子どもは、学校での態度も良く、大学へ進学する数も多かった。

オランダ人には食卓に対して格式ばったこだわりはほとんどない。16世紀にハドリアヌス・ジュリアスはオランダ人のアイデンティティについて書くよう任命された。彼の見解では「オランダ人は、高尚な文明の形から見るとあまりにも無愛想で無礼だ」としている。

ヘルマン・プライ氏も歴史的に見て洗練されたマナーの欠如について述べている。なんといってもオランダには宮廷がなく、分散的な政府構造だった。その結果として、オランダ人は格式にこだわることなく、ほとんどの形式的作法は馬鹿げていると思っている。プライ氏は「形式的作法はまったく必要ないと思う。そうした意味のないことに時間を浪費するよりもなるべく早く仕事に取りかかる方がいいと思う」と説明している。

リナが前に説明したように、従わなければいけない基本的なテーブルマナーがある一方で、それは弾む会話の妨げになってはいけないのだ。

私たちがルート・フェーンホーフェン教授と話したときに彼も言っていた。フランス人の家族が夕食をとる光景と、オランダ人が夕食をとる光景はいったい何が違っているのだろうか？　これを想像してみよう。

夕方遅くのこと、食卓の上には食べにくい厄介な食事が置かれ、フランス人の子どもたちはそこに座って、その大人向けの食事をきれいに食べ終わることを求められている。一方オランダでは早い時間の夕食にシンプルな食事、子どもがその日の出来事について親と話す姿がある。

どんな子どもがこれを好まないというのだろうか？　このオランダ人アプローチは、わかりやすいルールや構造と同じく、家族内でのすばらしい率直な会話をもたらし、結果的に幸せな子どもをつくりだしているのだ。

おわりに

4歳児と赤ちゃんとの暮らし by Rina

私にとって、オランダでの子育ては早期教育に対するリラックスしたアプローチを身につけることだった。小さなユリウスの学習能力を心配する代わりに、遊ぶことを通して成長する時間を息子にあげたいと思うようになった。

もうすぐでユリウスは4歳になるのだが、彼が誕生日パーティーをしたがらないので、自宅でパーティーはしないだろう。それよりもユリウスの保育園最終日にお誕生日兼お別れ会用の小さなカップケーキやレインボーケーキを持っていくことにしよう（訳者註：オランダでは子どもが4歳になった次の日から随時幼稚園へ入園する。日本のような全員同時期の入園ではない）。

ユリウスは、ケーキと一緒に鉛筆に自分の写真をつけて、「一緒に遊んでくれてありがとう、ユリウスより」というメッセージを添えて保育園の友だちに渡すだろう。

そして、私たち家族は、オランダ人らしくミニ休暇を取って、ユリウスのお誕生日を祝うために3日間、エフテリングという魔法の妖精テーマパークを訪れる予定だ。このテーマパークはディズニーランドができるずっと前からオランダにある。

赤ちゃんのマテオはベビー・アインシュタインとは言えないが、その代わりに落ち着きと規則正しさを兼ね備えている。

私は自分の子どもにすべてのことを「ベスト」であるように模索しようとする自然の衝動に従い、まずは自分が完璧な母親であることを「証明しようとすること」をやめなければならないのだろう。

子どもを幸せにするために親がするべきこと　by Michele

私たちがこの本を仕上げるころには、また春がやってくる。1年経ってまた家庭菜園へ戻り、何とか形になるものをつくろうとしている。長く湿った冬が、芝生をあたり一面の湿地にしており、それは牛の足でさえ水ぶくれにしそうなほどだ。野菜畑は雑草がいっぱいでほとんど沼のようにも見える。でも子どもたちのつくった箱は無事なようだ。夫のマタインは芝刈り機を使って、できるだけ平らになるように芝を刈った。息子のベンは、野草の牧草地と蝶の庭をつくるため、表の柵の近くに細長い穴を掘った。そのプロジェクトは毎年試みているが、突き刺すようなイラクサとヒルガオばかり生え、肥よくすぎ、湿りすぎているこの土では、今のところ失敗していた。

最終的にはどうにかオランダの田舎の風景に溶け込むようにと願いながら、私は枝を無作為に切り、若い黒ヤナギを刈り込もうとしていた。鳥がさえずり、ラッパ水仙が風に揺れていた。

子どもたちは9歳と11歳になった。彼らのもっとも大きな変化といえば、自立心が増したことだろう。

娘のイナがこの夏も、子ども用プールで真っ裸になって遊ぶかどうかは疑わしい。彼女は自分1人で通学し、ときには新しくできた女友だちと、H&Mの洋服を買いに見苦しいプラスチックで覆われたあのショッピングセンターへ出かけるようになった。幸いにも彼女は本をよく読むし、サッカーのチームにも入り、学校でも上手くやっている。今日、イナは偶然公園でタインに会い、何人かの男の子たちと外で昨年のように遊んだそうだ。

息子のベンは中学校最初の1年も終わりに近づいた。彼は朝ちゃんと起き、自分で昼食とやり終えた宿題をリュクサックの中に入れて、時間通りに学校に着いていた。

私が驚かされたのは、彼の通う進学校のレベルの高さだった。たとえば、ラテン語クラスでは60秒のうちに1~100まで数えてしまう。ベンは放課後に、バレエやダンスのクラスへ行っていたが、また同時に、自分の携帯電話で動画を見入るようになった(これは危惧していたことだ)。彼の成績はかなり良い方だというが、来年、学業成績のすぐれた子どものためのコースへ行こうとしている友だちのフロリスと比べたら、それほどではない。私の内なる野心的なイギリス人魂が息子を励ましている。

オランダで親になったことで、リナと私は、自分の子どもを育てるやり方を変えてきた。それは明らかに、私たち自身の振る舞いや子育てについて、どう感じ、考えるのかに影響を及ぼしている。オランダで子育てすることはまた、私たち自身も変えたのだ。

＊　＊

私にとって、オランダ人らしくなるということは、仕事とプライベートに対する考え方をもっとバランスの取れたものにすることを意味していた。それは、子どもたちと一緒に過ごしたり、外で家庭菜園をしたり、家の反対側にある公園でローラーブレードをしたりといった貴重な週末の時間をもたらしてくれた。

子どもたちが自立し、自分で問題を解決しようと学ぶように、私も子どもを自由にさせることを学ぶ利点を感じはじめている。

ベンは最近、街の反対側にあるプロのダンスアカデミーへ通いはじめた。入学の条件は、ベンが1人でそこまで行って帰ってくることだった。

アカデミーから初めて1人で帰ってくる日、アムステルダム市内でデモがあった。トラムは1台も走っていなかった。そして、そのデモの中を3キロ歩き、バス乗り場までこられたとベンは私に電話をかけてきた。ベンは街のその一部の地域をよく知らないのにとても落ち着いて道を見つけることができたのだ。

これこそが、子どもの自立を信頼するポイントに違いない。つまり子どもの中にある物事に向き合う力と、問題を解決するスキルと、困難に動じない平静さを育てることだ。

私たちは、ユニセフ調査に書かれた「オランダ人が世界で一番幸せな子どもを育てていることが真実であると確信する」という言葉について、心から同意せずにはいられない。

しかし、オランダ人はそのために何も目新しいことはしていない。オランダ人がしていることは、本当は、現代のイギリス人やアメリカ人の親が学んだほうがいいだろう。

しかし、イギリス人やアメリカ人の親は完璧であろうと行き過ぎた野心に取りつかれてしまっている。

1873年にさかのぼってみれば、バーミンガムの産科医であるピエ・ヘンリー・シャバセは、彼の子育てガイド『Advice to Mothers（未訳：お母さんへのアドバイス）』の中で「新鮮な空気、粗食、運動」の重要性を唱えているし、18世紀に功利主義を提唱したジェレミー・ベンサムは、できる限り多くの幸せな人をつくろうとしなければいけないと思っていた。幸せは人生の真ん中に置かれるべきで、「上手くやろうとするよりも、むしろ良いことをしようと探してみてください」と彼はアドバイスしている。

人生とはお互いが助け合い、自分自身と子どもをいたわるべきであり、自分自身をほかの人と比べるべきではない。かのスポック博士の『1946 Baby and Child Care（未訳：1946年の赤ちゃんと子どものケア）』という子育てマニュアルの冒頭でも「自分自身を信じなさい。あなたは、あなた自身がしようと考えていることよりも、もっと多くのことを知っているのです」と個人の判断力に訴えていた。

それは、誰しもがオランダ人のように自分で判断し、アプローチする方法を身につけることができるということでもある。最近はそれが忘れられがちだが、自分で判断する力は、私たちの中に長年ずっとあったものなのである。

OECDの調査では、のちの人生における幸せと成功の強い指標において、子ども時代の幸せの重要性を示している。そのためイギリスの国家統計局は2012年と2014年に「国家幸福プログラムの測定」を始めた。それは、国民の幸福度を改善しようと試みる政府方針の基準となった。

「多くの親は、子どもを子どもらしくさせること以外、子どものために何でもします」ロンドンを中心に活動する覆面芸術家、ストリートアーティストのバンクシーは、現代の親が苦労して取り組んでいる問題を、まとめてそう書いた。一方でオランダ人は、子どもはただ試験に合格するためでなく、視野を広げるため、自分自身のために学んでいると思っている。

上手な結果を出すために親がプレッシャーをかけたりしなければ、子どもを助けることができる。

学力的な英才教育のことは忘れよう。ベビー・アインシュタインへの憧れは脇にやり、生まれたばかりの赤ちゃんと散歩してみよう。あなたの子どもがしたいことをさせ、自分らしく育てよう。

それは欠点だらけかもしれないけれど、幸せなはずだ。子どもは子どもらしく、遊ばせてあげるのがいいのだ。

遊ぶということは、子どもに多くのことを教えてくれる。外で活動的に遊ぶことは、子どもを訓練し、感覚を磨くという、子どもの成長に必要不可欠なことだ。

大事な感覚は、荒々しく整備されていない状態の中で磨かれる。天気の悪い中でも子どもに外で遊ぶよう促すことは、子どもの忍耐を成長させることができる。子どもを外で遊ばせ、自転車を運転させ、管理しながら徐々に子どもを自立させてあげよう。

幸せであるためには、学校の同級生と競争するよりも、むしろ友好的であることが大事だ。そして国自身が教育システムと貧富の差を縮められるよう、再考し、つくり変えつづけることによってこれを促進するよう対策を取らなければいけない。今イギリスの政治家が、試験結果ばかりを気にして子どもにプレッシャーを与えるよりも、むしろ個性、自分で立ち直る力やコミュニケーション能力を促進させるようロビー活動をしているのは、偶然のことではない。

オランダ人は教育の開拓者ではない。ただイタリアやフィンランドやドイツのような国々の方法を早くから取り入れ、その効果を証明し、革新的に教育に取り組んできただけだ。

そして今でも、オランダ人は自分たちの教育システムを調べ、改善できるかもしれない新しい考え方がないかといろいろなところでアンテナを張っている。

子どもにとっての幸せとは、たとえ金メダルが取れなかったとしても、好きなことをやる時間や自由を与えられることだ。才能と情熱のある子どもはいずれにしても物事を成しとげるのかもしれない。しかし、これについてはオランダ人らしく大局的に見なければいけないと思う。というのも、成績優秀者になることは、いつも何かしらの犠牲を払うからだ。

優秀であることは本当に必要なことなのだろうか？

子どもを成功させなければいけないというある程度の心配をすることは、親としてのあたりまえの心境だ。しかしもし、教育や健康医療や手ごろな食住を入手するのに深刻な問題がない国に住んでいれば、親はほかの新しい問題を生み出すだろう。

英語圏の親は、子どもに無制限にレゴブロックを与えるとか、「最高」の学校に入れたいとか、親として気を配り、子どものためには何でもしてあげようとする罠にしばしば陥る。しかし、子どものために何かポジティブなことをしようとするのなら、徐々に子離れし、自立と自信を子どもに教えることにエネルギーを向けた方がいい。幸せの教授と呼ばれるルート・フェーンホーフェン教授は言った。「もし子どもが転ぶことがなければ、そのときにどう対処するべきか学ぶことができない」と。

子ども時代は人生に一度きりしかなく、それが残りの人生の基盤となる。この私たちの認識は、子ども時代を問題に変えてしまうことも意味する。親は赤ちゃんがさらされるすべての危険性についてとてもよく気づく。私たちは赤ちゃんがまだ子宮の中で安全だったとき、最初の妊娠のその最後の数か月をただ懐かしく思い出す。妊娠中だけが子どもの居場所を完全にコントロールすることのできる唯一の時間であったことはわかっていたはずだ。でも私たち親は、子どもに何か悪いことが起きるのではないかといつまでも心配の思いを巡らしている。

私たちは子どものために物事を大局的に見る必要がある。もしそうしなければ現実の世界は子どもにとってやっかいでショッキングなことだらけとなるだろう。

過保護な親に対する治療薬はあるのだろうか？　第一に、よりたくさんの子どもがいれば、子どもの周囲をウロウロする時間はより少なくなるだろう。時間とエネルギーは愛情と違って無限のものではなく、周りで共有されなければならない。多くの子どもを持つ親は、よく昔の自分を思い出して、最初の子どもが生まれたときに心配してやっていた振る舞いについて笑う。

過保護な親は、しばしば学校や教師やほかの人といった外的要因を非難するが、自分自身の不安について取り組んだ方が良い。劣等感を感じている親は、子どもの成績を通じて自分と重ね合わせ、失敗を取り繕おうとする傾向がある。しかしそれは自己満足だ。子どもにとって必要なものは愛情であり、励ましであり、サポートであり、優しい気持ちだ。子どもは親の延長ではなく、別の自立した人間なのだから。

親にとって学ぶべき一番大事なことの1つは、子どもは親のミニ・バージョンではないということであろう。オランダ人の親は得てして、自己実現と自立ができており、自分の人生を楽しんでいるようだ。彼らは親や子どもの要求に応じてくれるオランダ社会を信用しているので、過度に子どもを保護する必要がない。

自立と自主性は人々を幸せにする。そして対話も重要だ。家族で夕食を一緒にとり、子どもと一緒に話をするのはその良い練習になる。

幸せとは愛する家庭にあり、親との良好な関係の中にあり、ポジティブで支援してくれる親がいるところにあり、口やかましく心配ばかりしているところにはない。親のポジティブな振る舞いは子どもの自信を伸ばし、その自信は子どもが自分で問題解決することを可能にさせる。

アメリカやイギリスのような個人主義社会にいる親は、自分たちの結果について1人で責任を取らなければいけない傾向がある。今こそが、おそらく社会革命のときだろう。この挑戦に取り組むために、親だけではなく社会全体の取り組みが求められている。

文化的変化は、多くの人がパートタイムで働いたり、フリーランスとして働いたり、いろいろな仕事を併行したりなど、より多くの柔軟な職場環境になることで、すでに起こっている。

しかし、オランダ人の例はこれよりももっと先を行っているのだ。より助けになる託児所を考えることは意味がある。誰とも関わりを持たずに子育てすることはない。オランダ人の親は、ほかの親やおじいちゃんおばあちゃんや近所の人たちと、どうやって責任共有するのか教えてくれている。そしてそれは働く親のプレッシャーを軽減してくれるのだ。ライデン大学の調査は、こうした社会的なセーフティーネットが、のちの子どもの人生を健全なものにすると示している。

母親としてオランダでの生活をして、オランダ人の特徴について多くを学んできた。私たちがもっとも受け入れるのに苦労したことの1つは、平均ということに重きを置く価値観だ。

国民的によく言われる「自分らしく普通に振る舞いなさい」という言葉がその意味を巧みに表現している。オランダ人は、ユーモアを持って自己分析しながら物事を大局的に見ようとする。それは自分の地位や成功ということに焦点を当てたものではまったくないのだ。

オランダに階級がまったくないわけではないが（無階級社会のようではないという意味で）、イギリスのように階級がアイデンティティや生活のスタイルを決めたり、またアメリカのように富や地位を決めたりするわけではない。この国では国王一家も自転車に乗っているのだから。

私たちが行ったインタビューや友人との議論の中で、私たちが彼らの国や子育てスタイルや文化について、いかにポジティブに捉えているかということを耳にして、オランダ人はよく驚いていた。というのも、オランダは、アングロ・サクソンの世界を文化的リーダーとして尊敬し、市場もアングロ・サクソンのトレンドを輸入しているからだ。

幸福についての調査も行っているオランダ国立社会政策ユニットは、人口の82～87％が自分自身を幸せだと思っているという結果を発表している。この理由は、地方分権化、平等性、個人の自主性、個人的責任、自立性、実用主義、帰属感というものからきている。

個人の生活満足度は平均10点満点中7・8点と記録されていた。また『Sturen op geluk（未訳：幸せに向かって）』という、オランダの社会学者であるパウル・スクナベルによって書かれた論文の中には、少なくともオランダ人の5人に4人は自分が幸せであると言っている反面、人口のたった1％の人しか国は正しい方向へ向かっていると思っていないと述べられている。つまり、皮肉なことに、オランダ人自身はオランダがダメになっていると思っているのだ。

英語圏では、激しい競争の中で出世するという強迫観念が、社会の目標に組み込まれている。しかし、今まであった何百万もの仕事はすでになく、稼いできたような莫大なお金もなく、結果として市場が適者生存というダーウィン主義的態度を無理やり駆り立てようとしている。

この考え方は、本当に道理にかなっているのだろうか？　西洋世界のほかの国々と同じようなことを追求しないから、オランダ人は全体的に見て、あまり成功していないというのだろうか？

そうではない。子どもを幸せにするという目標こそ、すべてにおける最高の目標であってほしい。

訳者あとがき

本書の原著を最初に翻訳したのは7年前になる。当時は、原著の視点に「そうそう、そうだよなぁ」と思い、幼児の世話をしていた訳者も、今ではティーンエイジャーを相手に日々、子育てに悩むひとりの母親だ。この7年間で世界では多くのことが変化した。コロナ禍を経て講義や会議などのオンラインコミュニケーションが日常化している。新しい環境に合わせて子育ても、柔軟な適応が求められるのかもしれない。

よく言われるSNSとの付き合い方はどの親もかつて経験したことのない未知の問題で、オランダの保護者の間でもよく議論になる。ひと言でいえば手探り状態だ。実際に、2024年末、オーストラリアでは16歳未満のSNS利用を禁止する法案が可決されるなど、万国共通の悩みの種ということがわかる。我が家でもスマートフォンを持つことが当たり前の世代である娘に対して、ただ禁止するのではなく話し合いを重ね、お互いが納得するルールを決める、まさにリナの言う「オランダ・ポルダーモデル」を実践中だ。

訳者自身は現在、ミッシェルの言うところの「子離れ」という子育て章にいる。日本で生まれ育った私には、著者たちのようにオランダ流子育てが新鮮であると同時に、驚き・戸惑いを感じることもよくある。

たとえば、娘が小学生のときは、子どもの自主性、社会で生きていく力を伸ばす学校の取り組みや、先生方の子どもへの話し方・対応に驚き、感心することが多々あった。中学校、高校へ進学すると、今度は、親が学校に出向く機会も減って関わりが少なくなり、学校の授業や宿題の進め方も子ども本人に任されるようになった。

娘は、「勉強は誰のためでもない自分のため。だから、勉強するかしないかは自分次第」と、この歳から自分で選択できる自由を持ち、同時にその自由に対する責任を感じているようだ。ふだん自転車で出かけるときも、小さいときから乗っている娘の方がきちんと交通ルールを理解し、安心感のある乗り方ができるのに対して、私の乗り方は、危なっかしいと笑われるようになった。運河に落ちても（オランダでは珍しくない）、今では私より娘の方が上手に落ち着いて対処できそうだ。ティーンエイジャーはまだまだ子ども……と思うのだが、どうやら子どもはとっくに上手に「親離れ」しているらしい。

時代が移り変わっても、「子どもが心から幸せだと感じる人生を送ってほしい」と願う親の気持ちは変わらない。どこで何が起こるかわからない昨今、親がいつでも子どものそばについて助けることは難しい、だからこそ著者2人が述べている〝子どもが自分で考え生きていく力の大切さ〟の重要性は大きく、子育てをしながら親もともに学んでいければと思う。

今回の文庫化にあたっては、読みやすさを重視して内容を少しコンパクトにし、乳幼児から小学生くらいまでの子どもを育てているお母さん、お父さん向けに再編集した。

初版以来、この訳書を通していろいろな方にお会いし、子どもの幸せについてたくさん一緒にお話する時間に恵まれた。こうした貴重な機会をくださった日経BPの中川ヒロミさん、今回文庫本として生まれ変わることになり編集作業を進めてくださった三田真美さん、その他、ご尽力いただいた各関係者の方々、そして何よりも私のこの仕事を一番理解し、文中のオランダ語の発音をカタカナにする作業にあたり、三人四脚で協力してくれた愛する夫と娘に心から感謝の言葉を述べたい。こうしたこれまでの出会い、そして時間は本当に gezellig(ヘゼリッグ) なものでした、有難うございました。

2025年1月

吉見・ホフストラ・真紀子

本書は2018年1月に日経BPから発行した『世界一幸せな子どもに親がしていること』を改題ならびに一部改編し文庫化したものです

〈著者プロフィール〉

Rina Mae Acosta リナ・マエ・アコスタ

作家。カリフォルニア出身のアジア系アメリカ人で、現在はオランダ人の夫と2人の息子とオランダで暮らす。カリフォルニア大学バークレー校、エラスムス・ロッテルダム大学で学位を取得。子育てブログ「Finding Dutchland」を運営。

Michele Hutchison ミッシェル・ハッチソン

編集者。イギリス・ミッドランズのソリフル市生まれ。東部リンカンシャーで育ち、イースト・アングリア大学、ケンブリッジ大学、リヨン大学で学ぶ。イギリスの出版社で勤務した後、2004年に妊娠後期でアムステルダムへ転居し、オランダ人の夫と2人の子どもとオランダの伝統的な家屋に住む。

〈訳者プロフィール〉

吉見・ホフストラ・真紀子

大学でフランス語文学言語学を専攻、インターネットを使ったコミュニケーションに興味を持ち、大手通信会社に入社。フランスでMBA取得後、フランス・オランダ・日本の国際企業でIT通信関連の商品開発マーケティング・ビジネス戦略に携わる。結婚を機に2003年オランダへ移住。現在は多岐にわたる企業通訳および翻訳を本業とするかたわら、難民に対するオランダ語支援やフェアトレードビジネスなどNGO団体でのボランティア活動にも従事し、育ち盛りの子どもの子育てに忙しい毎日を送っている。

nbb
日経ビジネス人文庫

オランダ人（じん）のシンプルですごい子育て（こそだて）

2025年2月 3 日　第1刷発行
2025年2月27日　第2刷

著者
リナ・マエ・アコスタ
ミッシェル・ハッチソン

訳者
吉見（よしみ）・ホフストラ・真紀子（まきこ）

発行者
中川ヒロミ

発行
株式会社日経BP
日本経済新聞出版

発売
株式会社日経BPマーケティング
〒105-8308 東京都港区虎ノ門4-3-12

ブックデザイン
栗田茉奈（tento）

本文DTP
マーリンクレイン

印刷・製本
中央精版印刷

Printed in Japan　ISBN978-4-296-12412-1

本書籍に関するお問い合わせ、ご連絡は下記にて承ります。
https://nkbp.jp/booksQA